UNIVERSITÉ D'AIX-MARSEILLE

FACULTÉ DE DROIT D'AIX

THÈSE DE DOCTORAT

ES SCIENCES POLITIQUES ET ÉCONOMIQUES

LES SYNDICATS AGRICOLES

LEUR ROLE ÉCONOMIQUE ET SOCIAL

PAR

E. CHABAS

AVOCAT

AIX

IMPRIMERIE ET LITHOGRAPHIE J. BARTHÉLEMY

53, COURS MIRABEAU, 53

1897

UNIVERSITÉ D'AIX-MARSEILLE

FACULTÉ DE DROIT D'AIX

THÈSE DE DOCTORAT

ES SCIENCES POLITIQUES ET ÉCONOMIQUES

LES SYNDICATS AGRICOLES

LEUR ROLE ÉCONOMIQUE ET SOCIAL

PAR

E. CHABAS

AVOCAT

AIX

IMPRIMERIE ET LITHOGRAPHIE J. BARTHÉLEMY

53, COURS MIRABEAU, 53

1897

MEIS & AMICIS

INTRODUCTION

Après l'abolition des corporations et la proclamation
du principe de liberté, le législateur des 14-17 juin 1791
uniquement préoccupé des inconvénients du droit d'association le supprima radicalement. L'aveuglement qui
préside à toute réaction violente lui fit méconnaître les
avantages économiques qu'il présente et qu'une simple
transformation lui eut permis de procurer.

Ce n'est qu'un siècle plus tard, par la loi du 21 mars
1884, que le droit d'association professionnelle a triom-
phé de toutes les haines et de toutes les résistances
qu'avaient provoquées les anciens abus. Cette loi ne
fit d'ailleurs que donner un caractère de légalité, comme
l'avait fait la loi du 25 mai 1864 pour les coalitions et
les grèves, à de nombreuses associations illicites, jusque
là tolérées. De même qu'avant 1864 on avait vu éclater
des grèves, de même la prohibition légale avait été impuissante, avant 1884, à étouffer ce besoin d'association

inhérent à la nature humaine, qui est de son essence même et constitue pour elle un droit primordial inviolable.

Dès 1808 on avait vu se réunir, avec l'autorisation du préfet de police, tous les maîtres charpentiers de Paris « pour discuter sur les affaires du métier ». En 1848 les différentes industries du bâtiment se trouvent réunies au nombre de onze sous le nom de « Chambre Syndicale du bâtiment ou de la Sainte Chapelle ». En 1859 se forme « l'Union nationale du commerce et de l'industrie ».

Les ouvriers, de leur côté, stimulés par l'exemple des Trade-Unions anglaises, veulent conquérir les mêmes libertés, et encouragés par les tendances libérales du gouvernement impérial, ils fondent de nombreuses chambres syndicales. Le but le plus immédiat et le plus ordinaire de ces chambres ouvrières fut d'ailleurs l'organisation des grèves.

L'Association internationale des travailleurs fondée en 1865, les tendances révolutionnaires et collectivistes manifestées dans différents congrès ne furent pas pour augmenter leur crédit. On vit en effet au congrès de Marseille en 1879 adopter la proposition suivante : « La 7e sous-commission propose d'adopter, comme but, la collectivité du sol, sous-sol, instruments de travail, matières premières données à tous et rendus inaliénables par la société à qui ils doivent retourner ». « Pour nous, ajoute un orateur, les syndicats réunissent toutes les corporations, et fédérés ensuite entr'eux, sont les puissants leviers dont doit faire usage le parti ouvrier pour renverser les classes privilégiées et atteindre par là leur émancipation ».

Si la liberté d'association professionnelle compta encore des partisans qui préférèrent voir se développer au grand jour ces dangereuses tendances, rien d'étonnant par contre qu'elle se soit aliené ceux qui espéraient davantage d'une repression sévère. Ceux-ci voyaient en elle le germe d'une force colossale qui se développerait rapidement, tendant à réduire l'individu à un rôle secondaire, à absorber son initiative privée, à l'annhiler. Certains politiciens considéraient en outre les syndicats comme un foyer de rivalités fort compromettant pour l'ordre social. Erigés en machines de guerre sous l'influence des théories funestes d'ambitieux inhabiles à rien édifier sur ce qu'ils auraient sapé, ils seraient les instruments inconscients d'une lutte contre l'Etat et les institutions politiques qui ne sauraient satisfaire à leurs revendications utopiques.

Maintenus dans la sphère des intérêts purement économiques, ils pouvaient rendre de réels services, mais il semblait difficile d'espérer que cette ligne de conduite serait toujours strictement observée. N'empiéteraient-t-ils pas sur le domaine politique?

Les opinions étaient bien partagées sur le point de savoir si la poéminençe devait-être reconnue aux avantages qu'on pouvait espérer ou aux inconvénients à redouter.

Aujourd'hui le fait est accompli, on s'est prononcé en faveur de l'union intime des intérêts communs que l'isolement individuel condamnait à l'impuissance. Depuis le 21 mars 1884 l'existence légale est reconnue à des syndicats professionnels, dont l'objet, loin d'être politique, sera « exclusivement (nous dit l'article 3 de la loi) l'étude et la défense des intérêts économiques, industriels, commerciaux et agricoles ».

Nous nous arrêterons à ce dernier mot « agricoles », pour étudier cette classe de syndicats qui mérite toutes nos sympathies et tout notre intérêt. Des besoins plus pressants et plus impérieux les avaient rendus plus nécessaires que tous autres. L'agriculteur isolé est placé dans une infériorité flagrante pour la défense de ses intérêts. Dépourvu de ressources et souvent même de moyens faciles de communication immédiate, il en est réduit à se laisser aller à de vieilles routines ne répondant plus aux besoins et aux progrès actuels dont il ne peut par lui seul utiliser les avantages. Il est obligé de subir sans défense une évolution économique qui ruine lentement ceux qui, par leur isolement, ne sont pas en mesure d'adapter leurs moyens aux exigences nouvelles.

Il nous a paru intéressant, à une époque où le besoin d'association a donné une si vive impulsion à l'idée coopérative, d'étudier cette forme de l'association qui se prête dans une large mesure à l'application des principes coopératifs sur lesquels certains économistes ont fondé les plus grandes espérances de rénovation sociale.

La rapidité avec laquelle les syndicats agricoles se sont propagés suffirait, a elle seule, à nous démontrer leur utilité et l'urgence des besoins auxquels ils ont répondu. Après des débuts modestes leur nombre et celui de leurs adhérents ont atteint des proportions inespérées. L'agriculture a gagné beaucoup sous la puissante impulsion qu'ils ont su lui donner, et s'il leur reste encore à parfaire leur œuvre, du moins constaterons nous des avantages nombreux et importants obtenus par cette cohésion dans la défense des intérêts communs.

Nous n'aurons pas de peine à nous convaincre que, de tous les syndicats, ce sont eux qui ont le plus largement et surtout le plus utilement profité du droit nouveau accordé par la loi de 1884. Ce sont eux qui ont le mieux compris leur rôle économique et social ; qui revêtant pour la plupart le caractère de syndicats mixtes ont le mieux répondu au besoin actuel d'entente entre le capital et le travail, le patron et l'ouvrier, en un mot au besoin d'apaisement social.

Ils n'ont pas à redouter ce reproche qu'on a pu adresser à la plupart des autres syndicats professionnels, d'être des instruments de discorde et de haine ne servant qu'à alimenter l'antagonisme des classes. Ils ont su demeurer dans les limites de leur champ d'action « l'étude et la défense des intérêts économiques et agricoles ».

Avant d'étudier les syndicats agricoles et les moyens qu'ils ont mis en œuvre pour s'acquitter de leur mission, nous allons jeter un rapide aperçu sur la défense des intérêts agricoles avant 1884. Les maigres services rendus aux agriculteurs avant cette époque ne feront que mieux ressortir les bienfaits de l'œuvre nouvelle dont nous voulons faire apprécier toute la portée.

Nous diviserons ensuite notre étude en deux parties : Dans la première nous envisagerons la situation légale des syndicats d'après la loi du 21 mars 1884. Nous ne ferons pas de cette loi une étude aussi approfondie que le comporterait une thèse juridique, notre but essentiel visant le rôle économique et social, nous nous bornerons à constater les interprétations les plus généralement admises, cherchant plutôt à nous faire une idée de ce qui est accepté en fait qu'à discuter la portée des termes de la loi.

Nous consacrerons ensuite notre seconde partie à dégager le rôle économique et social de nos syndicats.

REPRÉSENTATION DES INTÉRÊTS AGRICOLES
AVANT 1884

Antérieurement à la loi de 1884 les intérêts agricoles se trouvent représentés par des associations syndicales, des sociétés d'agriculture et comices agricoles et des chambres consultatives d'agriculture, mais leur champ d'action pratique se trouve bien limité par les lois qui les autorisent et les règlementent. Toutes ces sociétés ont incontestablement rendu de réels services dans l'ordre de choses pour lequel chacune avait été créée ; elles ne pouvaient cependant plus satisfaire aux besoins pressants de l'agriculture. Malgré tous les progrès réalisés dans les

procédés de culture, que d'utiles découvertes étaient restées, sinon inappliquées, tout au moins fort peu répandues !
L'isolement de l'agriculture en était seul la cause. Le sol
était loin de produire ce qu'il aurait été possible d'en retirer ; les produits étrangers plus abondants avaient
envahi nos marchés et entraîné une baisse considérable de
tous les prix ; enfin le travail agricole devenant de moins
en moins rémunérateur, le mouvement d'émigration de
la campagne vers les grandes villes allait toujours s'accen-
tuant. Il était urgent de permettre aux agriculteurs de
jouir de tous les avantages que pouvait leur procurer
l'association basée sur une plus large autonomie, un
champ d'action embrassant l'ensemble de leurs intérêts
envisagés au point de vue pratique plutôt que théorique.
Le jour où par son développement elle réussira à procurer
une plus grande aisance à l'agriculteur, et grace aussi à
l'encombrement de travailleurs dans les grands centres,
nous assisterons peut-être à un mouvement de retour
vers cette vie des champs plus saine, plus hygiénique,
plus libre et plus heureuse que celle procurée par toute
autre industrie.

I. Associations syndicales

Le but des associations syndicales est en général l'exécution d'un travail d'utilité collective exigeant l'accord
de plusieurs propriétaires soit par sa nature, soit par
son importance trop considérable pour qu'un seul puisse
faire face aux dépenses : C'est là une forme de l'associa-

tion qui a dû exister dans tous les âges. Les besoins qui
la font naître se sont développés à mesure que l'agriculture a envahi les terres incultes, mais ils ont du se faire
ressentir sous des formes différentes dès l'apparition de
l'agriculture.

En France, dès le moyen âge existent de nombreuses
associations rurales dont il n'est pas rare de retrouver,
aujourd'hui encore, les œuvres, notamment dans les
canaux dont le double but était bien souvent d'alimenter
le moulin communal et d'arroser ensuite les terrains
inférieurs. On retrouve également des travaux de dessèchement et drainage (compagnie fondée en 1702 pour
le déssèchement des marais du Languedoc).

Jusqu'en 1798 ces sociétés étaient tolérées et favo-
risées plutôt que réglementées et ce n'est qu'à cette époque que nous trouvons le premier texte de loi concernant certains travaux d'intérêt collectif.

La loi du 16 septembre 1807 vint réglementer le
dessèchement des marais, enfin la loi du 21 juin 1865
vint donner aux nombreuses associations syndicales déjà
existantes, un caractère de légalité et des moyens d'action assez puissants pour leur assurer un développement
considérable.

L'article premier va nous montrer le but pratique et
économique de ces associations :

« Peuvent être l'objet d'une association syndicale,
« entre propriétaires intéressés l'exécution et l'entretien
« de travaux :

« 1· De défense contre la mer, les fleuves, les torrents
« et les rivières navigables ou non navigables ;

« 2· De curage, approfondissement, redressement et
« régularisation des canaux et cours d'eaux non naviga-
« bles ni flottables et des canaux de dessèchement et d'ir-
« rigation ;

« 3· De dessèchement des marais ;

« 4· Des étiers et ouvrages nécessaires à l'exploitation
« des marais salants ;

« 5· D'assainissement des terres humides et insalubres ;

« 6· D'irrigation et de colmatage ;

« 7· De drainage ;

« 8· De chemins d'exploitation et de tout autre amélio-
« ration agricole ayant un caractère d'intérêt collectif ».

Si nous examinons les autres dispositions de la loi,
nous trouvons qu'elles sont très favorables à la création
et au fonctionnement de ces associations. Libres, elles
pourront se former du consentement unanime et écrit des
propriétaires par un simple acte d'association spécifiant
le but de l'entreprise, réglant le mode d'administration
de la société, fixant les limites du mandat confié aux
administrateurs ou syndics, déterminant les voies et
moyens nécessaires pour subvenir à la dépense ainsi que
le mode de recouvrement des cotisations (art. 5).

Les propriétaires intéressés à l'exécution des travaux
spécifiés aux numéros 1, 2, 3, 4, 5 de l'article premier
peuvent être réunis par arrêté préfectoral en association

syndicale autorisée, soit sur la demande d'un ou de plusieurs d'entr'eux, soit sur l'initiative du préfet (art. 9).

Enfin la disposition la plus favorable, la plus nécessaire, qui est de nature à leur donner toute l'extension possible se trouve dans l'article 3 :

« Elles peuvent ester en justice par leurs syndics, acquérir, vendre, échanger, transiger, emprunter et hypothéquer ».

C'était surtout l'absence de ces droits qui entravait les associations avant notre loi, opposait à leur développement un obstacle fâcheux. N'ayant pas de représentant légal lorsqu'un point d'intérêt commun donnait lieu à un litige, il fallait pour intenter une action en justice que chaque membre en particulier fut mis en cause.

La loi du 22 décembre 1888 est venue apporter à cette loi de 1865 des modifications, qui nous intéressent peu en général.

La loi du 2 août 1879 prévoit l'association syndicale qui pourrait se former pour lutter contre le phylloxera ; celle du 4 avril 1882 autorise sous condition la formation des syndicats pour le reboisement et les pâturages.

Enfin un règlement d'administration publique du 9 mars 1894 vient fixer dans tous leurs détails, la constitution, le fonctionnement et l'administration de l'association syndicale.

Ces associations poursuivaient toutes un but spécial d'une utilité incontestable, mais elles n'étaient pas de nature à rendre à l'agriculture proprement dite avec ses mille besoins variés les services qui devaient être du ressort d'autres associations coexistantes. Nous allons voir si les sociétés d'agriculture et les comices agricoles antérieurs à nos syndicats pouvaient répondre à la mission qui leur incombait.

II. Sociétés d'agriculture et comices agricoles

Les agriculteurs demeurèrent longtemps isolés et abandonnés à de vieilles routines, avant que des sociétés composées d'hommes plus intelligents se fondent pour étudier et propager les moyens d'obtenir de meilleurs résultats. Ce n'est qu'en 1756, grâce aux efforts persévérants de Vincent de Gournay, que fut fondée la première société d'agriculture. Encouragée par le duc d'Aiguillon, gouverneur de Bretagne et favorisée par les états provinciaux, cette société prospéra bien vite et dans les années suivantes des arrêts du conseil en créèrent plusieurs autres. La plus importante fut celle de la généralité de Paris divisée en quatre bureaux.

Ces sociétés supprimées par la loi des 8-14 août 1793 avec les sociétés savantes, furent de nouveau autorisées par la constitution du 5 fructidor an III, Elles végétèrent dans la suite jusqu'au gouvernement de juillet, où on constate, sous le ministère du duc Decazes, une sérieuse impulsion qui se heurta cependant à une indifférence fâcheuse.

Les concours agricoles qui avaient pris une grande extension a la fin de l'ancien régime, étaient également tombés en disuétude. Ce sont eux cependant qui avaient rendu l'immense service de vulgariser et de répandre l'usage de la pomme de terre dont on ne saurait plus se passer après avoir été si longtemps à l'accepter.

Enfin la loi des 20-25 mars 1851 vint faire revivre ces institutions d'une vie nouvelle en organisant un ou plusieurs comices dans chaque arrondissement.

Les comices agricoles sont des associations de propriétaires ruraux et de cultivateurs qui ont fait approuver leur règlement constitutif par l'autorité administrative. leur but est de favoriser et développer entr'eux tous les progrès concernant l'agriculture. Se plaçant dans ce but à un point de vue essentiellement local, ils étudient les procédés qui leur conviennent le mieux, les instruments qu'il leur est possible d'employer d'après la nature de leur terrain, les semences qui fructifieront davantage et les races qu'on doit élever de préférence. Joignant enfin l'exemple et les encouragements aux conseils théoriques donnés soit par des conférences, soit par des revues, journaux, bibliothèques, ils organisent des concours, des expositions. Les meilleurs instruments, les plus beaux produits d'animaux domestiques, les plus abondantes et avantageuses récoltes sont primés. Ceux qui n'auront pas exposé jugeront les résultats obtenus et en feront leur profit, ils pourront bénéficier des expériences et progrès réalisés.

Favorisés par le gouvernement et les départements dans leur œuvre utile, les comices reçoivent des subventions qui leur permettent avec les faibles ressources des cotisations de leurs membres de faire face aux dépenses.

Les sociétés d'agriculture se confondaient souvent avec les comices agricoles, on pourrait cependant établir une différence entre les deux. Nous avons vu le rôle essentiellement local du comice et ses moyens spéciaux d'action ; la société d'agriculture poursuivrait dans un but plus général l'étude plus scientifique des progrès agricoles que le comice aurait la mission de vulgariser selon les besoins de son ressort.

On peut dire que sociétés et comices ne rendirent pas tous les services qu'on attendait d'eux. Nous trouvons dans le « Bulletin de la société d'agriculture du Gard (octobre 1870) » un article dans lequel M. de Masquard constate le peu d'influence des sociétés agricoles. L'auteur cherche surtout à encourager l'organisation de bibliothèques et la vulgarisation des revues d'agriculture. Il reconnaît que les agriculteurs associés se sont trouvés trop au-dessous de leur tâche » . « Les sociétés ajoute-t-il, doivent sans retard sortir de leur quiétude ordinaire, se concerter entr'elles et se mettre résolument en campagne ».

La revue agricole de Provence (1872) propose pour l'éducation des agriculteurs, l'organisation de bibliothèques circulantes dans les campagnes.

Si les comices n'ont pas donné de grands résultats, c'est qu'il leur manquait les moyens puissants d'action pratique qui ont fait la prospérité des syndicats agricoles en laissant à leur libre détermination un plus vaste domaine. Nous constaterons mieux cette supériorité des syndicats par l'étude détaillée que nous ferons des nombreux services qu'ils rendent.

Quelques comices ont subsisté depuis la loi de 1884, mais la plupart ont été transformés en syndicats agricoles.

III. Chambres consultatives d'agriculture

Les syndicats agricoles ont obtenu aujourd'hui assez d'importance pour compter dans les deux chambres et auprès des pouvoirs publics d'ardents défenseurs de leurs légitimes revendications, Ils ne cessent cependant de réclamer un moyen de défense plus effectif par l'organe de chambres consultatives solidement organisées comme celles de l'industrie et du commerce.

Ces chambres ont existé sous différentes formes pendant tout le cours de ce siècle, mais malgré que le rôle qui leur incombait antérieurement à la loi de 1884 fût beaucoup plus important, elles sont toujours restées dans l'inaction la plus absolue.

En 1810 un comité central d'agriculture était attaché au ministère de l'intérieur. Sous le ministère Decazes une ordonnance du 28 janvier 1819 établit un conseil général de l'agriculture composé de membres titulaires et d'un correspondant par département. Une ordonnance du 16 juillet 1823 vint l'abolir jusqu'en 1829, époque à laquelle une nouvelle ordonnance le rétablit avec un

correspondant par arrondissement, un comité consultatif
auprès de chaque sous-préfet et un conseil départemental
d'agriculture. En 1831 une nouvelle ordonnance réor-
ganise cette institution.

Le coup d'Etat du 2 décembre vint susprendre l'exécution de la loi du 20 mars 1851 qui avait introduit l'élection dans le recrutement des chambres consultatives.
L'année suivante, le décret du 25 mars créait dans
chaque arrondissement une chambre consultative d'agriculture dans laquelle chaque canton serait représenté
par un membre, agriculteur ou propriétaire, nommé par
le préfet pour 3 ans.

Chargées de la statistique agricole ces chambres de-
vaient-être consultées sur toutes les questions intéressant
l'agriculture, sur les points de la législation touchant aux
intérêts agricoles, sur les foires, marchés, écoles d'agriculture, etc. L'article 10 leur reconnaît le caractère
d'établissements d'utilité publique. Enfin un conseil général de l'agriculture composé de 100 membres est institué par l'article 11, 86 de ces membres seront choisis
par le ministre de l'agriculture parmi les représentants
des chambres consultatives. Ce conseil général sera
réuni en session annuelle pour discuter les questions sur
lesquelles les chambres ont été consultées.

Ces chambres semblaient appelées par l'étendue et
l'importance de leur mission à jouer, un rôle important
dans la défense des intérêts agricoles, à cette époque où
l'agriculteur souffrait de son isolement. Il n'en est ce-

pendant rien résulté de bon, leur influence a été nulle et elles sont tombées d'elles-mêmes dans une désuétude complète.

Le grand vice du décret de 1852 était de laisser a la faveur et sous l'entière dépendance du pouvoir le choix des membres qui les composaient. C'était plus que suffisant pour discréditer une œuvre dont toute préoccupation politique eût du être bannie, De bonne heure on commença à réclamer l'élection par les intéressés des représentants à ces chambres. Des vœux en ce sens sont émis par les sociétés et comices agricoles (1).

C'est en les basant sur l'élection que divers projets de loi déposés devant les chambres tendent a opérer une réorganisation complète. M, Bouthier de Rochefort dans le projet qu'il a déposé le 6 février 1890 propose l'élection par les conseillers municipaux, conseillers généraux, conseillers d'arrondissement, députés et sénateurs. La proposition de M. Méline, du 19 novembre 1889, confiant cette élection directement aux intcressés paraîtrait beaucoup plus conforme à l'esprit qui doit dominer en cette matière, où l'intérêt pratique doit prévaloir sur le caractère beaucoup trop politique que donnerait le corps électoral de M. Bouthier de Rochefort. Il serait à craindre que ce dernier corps électoral ne soit en outre

(1). La section cantonale d'Aix-en-Provence avait émis en 1866, et le comice agricole d'Aix adopta le 21 mars 1867 un vœu demandant des chambres d'agriculture et un conseil général élus (Revue agricole de Provence 1867).

composé en grande partie d'électeurs peu entendus en agriculture ou s'en désintéressant même complètement. Le but serait donc bien souvent manqué.

Le projet de M. Méline présenté par la commission de la chambre des députés a soulevé, lui aussi, bon nombre de critiques sérieuses. Les représentants les plus autorisés des intérêts de l'agriculture s'en sont préoccupés. Au congrès national des syndicats agricoles qui s'est tenu à Orléans au mois de mai dernier, M. E. Duport a, dans son rapport, résumé les principaux griefs qui lui ont été reprochés : le corps électoral aurait l'inconvénient de comprendre des ouvriers agricoles n'ayant aucun intérêt agricole proprement dit, tandis que des propriétaires plus intéressés et plus aptes a comprendre leurs intérêts et à les défendre pourraient être éliminés par cette phrase incidente de l'art. 3 « dont c'est la profession unique ou principale » : les chambres qui ne sont que d'arrondissement ne pourront se réunir dans un département que sur la convocation du ministre qui fixe la durée de la session ; leur budget devra être visé par le préfet et communiqué au conseil général du département. « Dans le projet de la commission, dit-il, deux idées dominantes semblent planer au dessus des articles de la loi : donner le moins possible d'autorité et d'indépendance à la représentation agricole par peur d'affaiblir le pouvoir central, et ménager les passions populaires en se rapprochant le plus possible du suffrage universel, au risque certain d'en fausser l'esprit professionnel ». Le rappor-

teur a opposé à ces inconvénients les avantages que présente le projet déposé au Sénat par M. Calvet. Basé sur
ce principe « qu'il faut à l'agriculture la même représentation qu'au commerce et à l'industrie », le projet du
Sénat s'inspire le plus possible de la législation actuelle
sur les chambres de commerce ; c'est ainsi qu'il crée des
chambres élues par un corps électoral presque identique,
la cote foncière étant prise pour l'équivalent de la patente.
Le droit de vote il l'accorde aussi à l'exploitant, qu'il soit
fermier, métayer ou colon, ce qui élargit suffisamment
la base puisque d'après l'enquête décennale le nombre des
électeurs serait de 4,187,974. Quant à l'ouvrier agricole,
rappelant que l'ouvrier industriel, l'employé de commerce ne sont pas électeurs, il refuse l'électorat aux
ouvriers agricoles qui ne sont pas en même temps propriétaires. Les ouvriers n'ont pas d'intérêts professionnels
proprement dits, ils n'ont que des intérêts de salaires.
Ces chambres « départementales » auront la plus grande
indépendance, elles auront le droit sagement limité de se
créer un budget propre par le vote de centimes addition-
nels. Le petit propriétaire, au-dessous d'un minimum,
pourrait s'affranchir de cette taxe en déclarant renoncer
au droit de vote. Enfin cent membres composeraient le
conseil supérieur, quatre-vingt-neuf seraient élus par les
chambres départementales et onze seraient nommés,
après entente avec le ministre, par le conseil lui-même.
   Le vœu adopté à la suite du rapport de M. E. Duport
par les nombreux représentants des intérêts agricoles

présents au congrès est formulé en des termes ne laissant aucun doute sur leurs revendications :

« Le congrès ;

« Considérant que l'agriculture a droit à une représentation égale à celle du commerce et de l'industrie ;

« Demande qu'il soit créé des chambres d'agriculture, jouissant des mêmes prérogatives et élues sur les mêmes bases que les chambres de commerce ;

« Déclare repousser toute loi qui ne respecterait pas ce principe d'égalité, notamment le projet présenté par la commission de la chambre des députés, et qu'au cas où une telle loi viendrait à être votée, les véritables représentants de l'agriculture seraient encore les sociétés, comices et syndicats agricoles ».

Quelques syndicats agricoles et sociétés d'agriculture désireraient voir confier à leurs membres seuls le soin de déléguer ces représentants. Ces prétentions sont bien un peu justifiées si on considère qu'ils réunissent en général tous ceux qui vraiment éclairés s'intéressent aux besoins agricoles. Mais que répondre pour les localités dépourvues de toute espèce d'association ? Elles sont de plus en plus rares, il est vrai, elles ne pourraient cependant pas être privées de représentation, pas plus qu'on ne saurait créer un corps électoral spécial pour elles.

Cette idée qui ne présente d'ailleurs aucune chance de réalisation ne s'est jamais accréditée, la représentation agricole doit-être basée sur l'élection pour être aussi générale que possible. Souhaitons que le vœu formulé au

congrès d'Orléans soit entendu et qu'on rende une existence effective et active à ces chambres d'agriculture dont
M. Emile Chevallier a pu dire dans un rapport : « Elles
ont presque partout cessé de se réunir, et en fait, elles
sont absolument ignorées des cultivateurs qu'elles sont
censées représenter ».

PREMIÈRE PARTIE

LES SYNDICATS AGRICOLES

ET LA LOI DU 21 MARS 1884

La loi de 1884, avons nous dit dans notre introduc-
tion, a été provoquée par l'existence de fait irrégulière de
nombreuses associations syndicales. En présence de
leur extension toujours croissante on jugea avec raison
qu'il serait utile de régulariser une situation anormale
dont cependant patrons et ouvriers se trouvaient fort
contents.

Les uns y virent l'occasion de faire œuvre de libéra-
lisme, d'autres l'envisagèrent davantage comme un moyen
de surveiller ces syndicats aux tendances peu pacifiques,
en déterminant strictement leur situation et leurs pouvoirs.

Un fait est certain, c'est qu'on avait surtout en vue les
syndicats industriels et commerciaux de toute espèce,
sans que personne ait songé de prime abord à ceux que

l'agriculture pourrait créer à son tour. Nulle part, dans les projets primitifs, on ne rencontre un mot ayant trait à cette industrie cependant indispensable à une nation ; la première, non seulement parce qu'elle fournit les éléments nécessaires à la vie et à l'indépendance d'un peuple, mais encore parce qu'elle est le foyer où se trempent des hommes de constitution physique plus robuste pour conserver à un peuple tout entier cette sève vitale, première source de toute prospérité. L'agriculteur pacifique avait jusque là vécu dans l'isolement le plus complet, jamais ses revendications n'avaient mis en émoi l'opinion publique, il subissait les crises qui l'atteignaient sans demander à l'association le remède qu'elle eut pu procurer.

On ne s'était donc préoccupé que des associations déjà existantes, englobant dans les mots « professionnels » et « intérêts économiques » celles d'un genre nouveau qui pourraient se former postérieurement. Il eût été trop difficile d'énumérer par leur dénomination propre tous les syndicats professionnels que l'esprit très large de la loi nouvelle devait autoriser. Telle est l'explication toute naturelle de l'absence de mention spéciale pour les syndicats agricoles.

La plupart des syndicats que pouvait prévoir la loi de 1884 avaient en effet des précédents nombreux ; au contraire une seule tentative de syndicat agricole avait été essayée, et encore si l'on considère qu'elle ne date que du mois de mars 1883, on se rend compte de l'impossibilité de la mentionner dans les projets qui lui sont bien antérieurs.

Un premier projet avait été déposé par M. Lockroy en 1876, le second qui devait aboutir fut déposé le 22 novembre 1880 au nom du gouvernement par MM. Cazot, ministre de la justice et Tirard, ministre du commerce. Son article 3 était ainsi conçu : « Les syndicats professionnels ont exclusivement pour objet, l'étude et la défense des intérêts économiques, industriels et commerciaux ».

De l'absence du mot « agricoles » aurait-on pu conclure que les syndicats agricoles étaient exclus de l'application de la loi. C'est ce que pensa M. Oudet qui, le 22 février 1884 en deuxième délibération au Sénat demande l'addition de ce mot. Il crut bon de faire valoir que « l'agriculture constitue sous beaucoup de rapports une industrie ». « Il y a beaucoup de circonstances, ajouta-t-il, dans lesquelles les agriculteurs, propriétaires, fermiers et ouvriers, peuvent avoir à grouper et à défendre leurs intérêts, et je ne vois pas qu'on puisse leur refuser une faculté qui appartient à tous les patrons et ouvriers de l'industrie ».

Nous croyons que l'adjonction de ce mot a été très utile, pour ne laisser subsister aucun doute et donner plus de précision à la portée de la loi, mais nous n'irons pas jusqu'à prétendre, selon une opinion assez accréditée, que sans elle les syndicats agricoles n'eussent jamais existé.

L'agriculture est une industrie, au sens économique
du mot, elle est la mise en œuvre de l'activité humaine
dans un but producteur, tout comme les industries ma-
nufacturières, extractives etc., aussi la voyons-nous
figurer dans toutes les classifications industrielles, quoique le langage courant, dans un sens plus restreint,
n'entende par industrie que ces dernières. Nous estimons
donc, tout en reconnaissant le bien fondé et l'opportunité
de l'heureuse intervention de M. Oudet que l'interprétation de la loi eût été plus large. L'exemple donné par
M. Tanviray dans le Loir-et-Cher eût été, malgré tout,
suivi, et les syndicats agricoles se seraient développés
fort légitimement.

C'est en ce sens aussi que répondit à la proposition de
M. Oudet, M. Tolain, rapporteur de la loi au nom de la
commission : « On a cru tout d'abord parce qu'elle s'était
servie des mots syndicats professionnels, qu'elle voulait
restreindre, limiter et circonscrire l'application de la loi
aux seuls ouvriers industriels ; jamais la commission n'a
eu une pareille pensée. Elle espère bien, au contraire,
que la loi qui vous est soumise est une loi très large dont
se serviront un très grand nombre de personnes auxquelles tout d'abord on n'avait pas pensé, les gens de
bureau par exemple.... En un mot toute personne qui
exerce une profession, ainsi qu'il est dit dans la loi, aura
le droit de se servir de la nouvelle législation que vous
allez voter.

La commission accepte donc les mots « et agricoles »

qui sont relatifs aux ouvriers agricoles, car il n'est jamais entré dans sa pensée, je le répète, de les exclure du bénéfice de la loi ».

L'interprétation restrictive de la jurisprudence qui semble surtout s'attacher aux trois mots : industrie, commerce, agriculture, pour déterminer les syndicats autorisés sans se soucier des mots à portée beaucoup plus large « profession » et « économique » semblerait cependant justifier l'opinion contraire.

Nous préférons nous rallier à l'avis de bon nombre de jurisconsultes qui blâment hautement cette interprétation, la trouvent peu conforme, non seulement à l'esprit de la loi, mais encore aux travaux préparatoires et à la lettre même de la loi qui parle de profession et d'intérêts économiques. Comme le dit M. César Bru à propos de syndicats de professions libérales, « il semble prétentieux de vouloir limiter les intérêts économiques au commerce, à l'industrie et à l'agriculture » (1). A bien plus forte raison, si le mot « agricoles » n'eut pas été ajouté, eût-il paru curieux de limiter les intérêts économiques à l'industrie et au commerce.

Nous ne nous attarderons pas sur une discussion aujourd'hui oiseuse pour les syndicats qui nous occupent. Les mots « et agricoles » ont été ajoutés, nos syndicats se sont développés sous la protection d'une loi dont nous devons apprécier les limites d'application, nous allons

(1). César Bru. — Les syndicats professionnels.

donc étudier les conditions de légalité de leur existence d'après la loi du 21 mars 1884.

Texte de la loi du 21 mars 1884

ARTICLE 1er. — Sont abrogés, la loi des 14-17 juin 1791 et l'article 416 du Code pénal.

Les articles 291, 292, 293, 294 du Code pénal et la loi du 18 avril 1834 ne sont pas applicables aux syndicats professionnels.

ART. 2. — Les syndicats ou associations professionnels, même de plus de 20 personnes, exerçant la même profession, des métiers similaires, ou des professions connexes concourant à l'établissement de produits determinés, pourront se constituer librement sans l'autorisation du gouvernement.

ART. 3, — Les syndicats professionnels ont exclusivement pour objet l'étude et la défense des intérêts économiques, industriels, commerciaux et agricoles.

ART. 4. — Les fondateurs de tout syndicat professionnel devront déposer les statuts et les noms de ceux qui, à un titre quelconque, seront chargés de l'administration ou de la direction.

Ce dépôt aura lieu à la mairie de la localité où le syndicat est établi et à Paris à la préfecture de la Seine.

Ce dépôt sera renouvelé à chaque changement de la direction ou des statuts.

Communication des statuts devra être donnée par le maire ou par le préfet de la Seine au procureur de la République.

Les membres de tout syndicat professionnel, chargés de l'administration et de la direction de ce syndicat, devront être français et jouir de leurs droits civils.

ART. 5. — Les syndicats professionnels régulièrement constitués d'après les prescriptions de la présente loi pourront librement se concerter pour l'étude et la défense de leurs intérêts économiques, industriels, commerciaux et agricoles.

Ces unions devront faire connaître, conformément au deuxième paragraphe de l'article 4 les noms des syndicats qui les composent.

Elles ne pourront posséder aucun immeuble, ni ester en justice.

ART. 6. — Les syndicats professionnels de patrons ou d'ouvriers auront le droit d'ester en justice.

Ils pourront employer les sommes provenant des cotisations.

Toutefois ils ne pourront acquérir d'autres immeubles que ceux qui seront nécessaires à leurs réunions, à leurs bibliothèques, et à des cours d'instruction professionnelle.

Ils pourront, sans autorisation, mais en se conformant aux autres dispositions de la loi, constituer entre leurs membres des caisses spéciales de secours mutuels et de retraites.

Ils pourront librement créer et administrer des offices de renseignements pour les offres et les demandes de travail.

Ils pourront être consultés sur tous les différents et toutes les questions se rattachant à leur spécialité.

Dans les affaires contentieuses, les avis du syndicat seront tenus à la disposition des parties qui pourront en prendre communication et copie.

Art. 7. — Tout membre d'un syndicat professionnel peut se retirer à tout instant de l'association, nonobstant toute clause contraire, mais sans préjudice du droit pour le syndicat de réclamer la cotisation de l'année courante.

Toute personne qui se retire d'un syndicat, conserve le droit d'être membre des sociétés de secours mutuels et de pensions de retraites pour la vieillesse, à l'actif desquelles elle a contribué par des cotisations ou versements de fonds.

Art. 8. — Lorsque des biens auront été acquis contrairement aux dispositions de l'article 5, la nullité de l'acquisition ou de la libéralité pourra être demandée par le procureur ou par les intéressés.

Dans le cas d'acquisition à titre onéreux, les immeubles seront vendus, et le prix en sera déposé à la caisse de l'association. Dans le cas de libéralité, les biens feront retour aux disposants où à leurs héritiers ou ayants-cause.

Art. 9. — Les infractions aux dispositions des articles 2, 3, 4, 5 et 6 de la présente loi seront poursuivies contre les directeurs ou administrateurs des syndicats et punies d'une amende de 16 à 200 francs. Les tribunaux pourront en outre, à la diligence du procureur de la

République, prononcer la dissolution du syndicat et la nullité des acquisitions d'immeubles faites en violation des dispositions de l'article 6.

En cas de fausse déclaration relative aux statuts et aux noms et qualités des administrateurs ou directeurs, l'amende pourra être portée à 500 francs.

Art. 10. — La présente loi est applicable à l'Algérie.

Elle est également applicable aux colonies de la Martinique, de la Guadeloupe et de la Réunion.

Toutefois les travailleurs étrangers et engagés sous le nom d'immigrants ne pourront faire partie de syndicats.

Lois abrogées

La révolution avait, en proclamant la liberté du travail, supprimé avec les corporations tout droit d'association. On voulait proscrire tout danger de voir renaître les privilèges et les abus auxquels elle avait donné lieu. Les principes de la révolution s'étaient perpétués et des lois diverses avaient du, à tour de rôle, quoique dans des vues quelquefois différentes, réprimer ou règlementer le principe vivace de l'association qui tendait sans cesse à renaître. La loi du 21 mars 1884, renversant les anciens préjugés pour leur substituer, dans un ordre d'idées déterminé un régime de liberté, devait naturellement abroger les textes contraires à l'esprit qui avait présidé à son élaboration. C'est ce qu'a fait l'article premier :

« Sont abrogés : la loi des 14-17 juin 1791 et l'article

416 du Code pénal. — Les articles 291, 292, 293, 294 du Code pénal et la loi du 18 avril 1834 ne sont pas applicables aux syndicats professionnels ».

Passons en revue ces différents textes pour nous rendre un compte exact de l'étendue des libertés accordées. Remarquons tout d'abord deux catégories parfaitement distinctes ;

1· Les lois définitivement abrogées d'une façon absolument générale.

2· Les lois qui ne sont abrogées, ou plutôt suspendues dans leur application, qu'à l'égard des syndicats professionnels.

Sont définitivement abrogés : La loi des 14-17 juin 1791 et l'article 416 du Code pénal.

La loi des 14-17 juin 1791 avait pour but de rendre effectif le principe de liberté du travail et d'abolition des jurandes et des maîtrises consacré par la loi du 2 mars 1791, en empêchant toute espèce d'association ou coalition.

« L'anéantissement de toutes les espèces de corporations de citoyens du même état ou profession, étant une des bases fondamentales de la constitution française, nous disait l'article premier, il est défendu de les rétablir de fait sous quelque forme que ce soit ».

« Les citoyens de même état ou profession..., ajoute l'article 2, ne pourront, lorsqu'ils se trouveront ensemble, nommer ni président..., prendre des arrêtés ou des délibérations, former des règlements sur leurs prétendus intérêts ».

L'article 4 mérite d'être cité tout entier : « Si contre les principes de la liberté et de la constitution, des citoyens attachés aux mêmes professions, arts et métiers, prenaient des délibérations ou faisaient entr'eux des conventions tendant à refuser de concert ou à n'accorder qu'à un prix déterminé le secours de leur industrie ou de leurs travaux, lesdites délibérations ou conventions, accompagnées ou non du serment, sont déclarées inconstitutionnelles, attentatoires à la liberté et à la déclaration des droits de l'homme et de nul effet ; les corps administratifs et municipaux seront tenus de les déclarer telles. Les auteurs, chefs et instigateurs qui les auront provoquées, rédigées et présidées, seront cités devant le tribunal de police, à la requête du procureur de la commune, condamnés chacun en 500 livres d'amende et suspendus pendant un an de l'exercice de leurs droits de citoyen actif et de l'entrée des assemblées primaires ».

Nous avons constaté que cette loi ne tarda pas à être violée ; la tolérance des pouvoirs publics et l'abrogation virtuelle d'une grande partie de son texte par la loi du 25 mai 1864 en avaient fait une lettre morte. La loi de 1884 n'a fait que consacrer législativement cette abrogation tacite d'une loi imbue d'un esprit en opposition absolue avec celui dont elle-même était pénétrée.

L'article 416 du Code pénal punissait « d'un emprisonnement de 6 jours à 3 mois et d'une amende de 16 à 300 fr., ou de l'une de ces deux peines seulement, tous ouvriers, patrons et entrepreneurs d'ouvrage qui, à l'aide d'amendes, de défenses, proscriptions, interdictions prononcées par suite d'un plan concerté auraient porté atteinte au libre exercice de l'industrie et du travail ».

Cet article était une entrave au droit de grève qu'avait proclamé la loi de 1864. Le maintenir c'était enlever aux syndicats un des moyens les plus efficaces d'assurer le succès de leurs revendications. Il n'y aura donc plus délit pénal lorsque les ouvriers ou patrons useront des moyens prévus dans cet article, pourvu toutefois qu'ils ne violent pas les articles 414, 415, Ceux-ci punissent les violences, voies de fait, menaces, manœuvres frauduleuses, avec circonstance aggravante, lorsque de pareils faits auront été commis par suite d'un plan concerté.

Toutefois le délit civil subsistera, donnant lieu à des dommages-intérêts, lorsque, en dehors de tout intérêt professionnel, l'abus du droit n'aura eu pour mobile que la seule volonté de nuire à autrui. (Cassation, 22 juin 1892).

Ne sont pas applicables aux syndicats professionnels : les articles 291, 292, 293, 294 du Code pénal et la loi du 10 avril 1834.

Les articles 291, 292 et la loi de 1834 interdisent la formation sans autorisation préalable de toute association comptant plus de vingt personnes « alors même que ces associations seraient partagées en sections d'un nombre moindre et qu'elles ne se réuniraient pas tous les jours ou à des jours marqués ». « Seront considérés comme complices et punis comme tels ceux qui auront prêté sciemment ou loué leur maison pour les réunions d'une association non autorisée ». (Article 2, loi de 1834).

L'article 294 exige, même pour les associations autorisées, qu'une permission ait été délivrée au propriétaire par l'autorité municipale.

Enfin l'article 293 punit les provocations à des crimes ou délits par discours, exhortations, invocations, lectures, affiches, publications d'écrits dans des associations non autorisées.

Les syndicats peuvent aujourd'hui se constituer sans autorisation, ces textes ne pouvaient donc leur demeurer applicables. Si pour leur échapper désormais des associations illicites veulent se prévaloir du titre de syndicats professionnels, ce sera une question de fait que le juge tranchera d'après le caractère de ces associations et les circonstances plutôt que d'après la qualification qu'elles se donneraient.

Remarquons toutefois que le syndicat professionnel qui se livrerait aux actes prévus par l'article 293 du Code pénal perdrait son caractère professionnel pour devenir une association illicite soumise dès lors à toutes les rigueurs de ce texte.

Il est un article dont ne parle pas la loi de 1884 et que de trop chauds partisans des syndicats voudraient considérer commme implicitement abrogé (1), c'est l'article 419 du Code pénal. Cet article punit tous ceux qui, par des faits faux ou calomnieux, par des sur-offres, par réunion ou coalition tendant à ne pas vendre une denrée ou marchandise, auront, par ces voies et moyens frauduleux, opéré une hausse ou baisse artificielle des prix.

Et n'y a-t-il pas en effet une certaine contradiction entre cet article et la loi de 1884 qui autorise la coalition pour la défense des intérêts économiques ? M. Boullay, faisant une distinction, prétend implicitement abrogée la défense de coalition, mais reconnaît comme toujours interdit et illicite l'emploi de faits faux ou calomnieux et de sur-offres. On serait tenté, de prime abord, de se ranger à cette opinion. Ce serait bien le moyen d'action le plus puissant a mettre au pouvoir des syndicats de producteurs et commerçants pour la défense de leurs intérêts ; ce serait même, semble-t-il, le corollaire du droit de coalition et de grève par lequel les salariés peuvent provoquer une hausse sensible dans le prix de revient des marchandises produites. Et cependant des considérations économiques nous feraient encore trouver formidable ce droit qui engendrerait des accaparements et des spéculations fort dangereux pour la prospérité et l'ordre publics, Le législateur de 1884 en laissant subsister ce texte a préféré confier à la libre concurrence le

---

(1) Boullay. Code des syndicats professionnels ; Claudio Jannet. Le socialisme d'Etat.

soin de déterminer les prix naturels. Nous n'avons pas
le droit d'étendre l'énoncé de l'article premier à un texte
que des préoccupations d'intérêt public devaient faire
maintenir. C'est aussi en ce sens que s'est prononcée la
jurisprudence (Paris, 28 février 1888. S. 89, 2, 49 ; 5
août 1890, Gaz-Pal. 90. 2, 247).

CHAPITRE PREMIER

FORMATION DES SYNDICATS

La loi du 21 mars 1884 donne aux syndicats ou associations, même de plus de vingt personnes, le droit de se constituer librement sans être tenus de solliciter l'autorisation du gouvernement. Mais pour avoir l'existence légale et jouir des autres dispositions favorables de la loi, le syndicat doit se soumettre à certaines formalités, remplir certaines conditions.

Tout d'abord il faut que ces syndicats ou associations méritent le titre de professionnels, et pour cela, nous dit l'article 2, ils doivent se composer de personnes « exerçant la même profession, des métiers similaires ou des professions connexes concourant à l'établissement de produits déterminés ». Il faut en outre que selon l'article 3, ils se proposent « exclusivement pour objet l'étude et la défense de leurs intérêts économiques, commerciaux industriels ou agricoles ».

Les formalités imposées sont ensuite déterminées par l'article 4 :

« Les fondateurs de tout syndicat professionnel devront déposer les statuts et les noms de ceux qui, à un titre quelconque, seront chargés de l'administration ou de la direction.

« Ce dépôt aura lieu à la mairie de la localité où le syndicat est établi, et à Paris, à la préfecture de la Seine.

« Ce dépôt sera renouvelé à chaque changement de la direction ou des statuts.

« Communication des statuts devra être donnée par le maire ou par le préfet de la Seine au procureur de la République.

« Les membres de tout syndicat professionnel, chargés de l'administration et de la direction de ce syndicat, devront être français et jouir de leurs droits civils ».

Nous allons nous occuper tout d'abord des statuts qui constituent la première opération dans la formation d'un syndicat ; nous nous poserons ensuite cette importante question : Qui peut faire partie d'un syndicat agricole ?

1· Les Statuts. — Leur rédaction et leur dépôt

Le dépôt des statuts, d'après l'article 4, doit être opéré par les fondateurs du syndicat. Ce sont en général ces fondateurs qui ont préparé et rédigé les statuts pour les soumettre à l'approbation de ceux qu'ils veulent unir pour la défense des intérêts communs. Hommes actifs et

intelligents, ce sont eux qui, plus expérimentés, plus
entreprenants, plus instruits et capables de comprendre
le rôle et la puissance d'une association, engagent dans
cette voie ceux que leur manque d'instruction ou d'initiative condamnerait à l'isolement perpétuel, c'est-à-dire
dans les temps où nous vivons et pour les classes qui
nous occupent, à un rendement insuffisant des terres et
à la ruine sous le poids d'impôts toujours plus lourds.

Il suffira quelquefois d'un homme d'action, pour donner naissance à un syndicat qui transformera un pays
agricole, substituera aux vieilles routines les procédés
scientifiques nouveaux qui rendront à la classe agricole
avec de plus grands revenus l'aisance et la prospérité.
Tel est bien le cas de M. Tanviray, professeur départemental d'agriculture à Blois ; dès le mois de mars 1883
il avait réussi à créer une association d'agriculteurs, basée
surtout sur les avantages qu'il espérait en retirer pour
l'achat des engrais. Après le vote de notre loi elle devint
le syndicat des agriculteurs du Loir-et-Cher qui compte
aujourd'hui plus de 4.000 membres.

Les statuts détermineront le but du syndicat, son organisation, son fonctionnement, les conditions d'admis-
sion des membres, les cas d'exclusion, le montant des
cotisations, le mode d'élection des administrateurs, leurs
pouvoirs ainsi que ceux des assemblées générales. Ils
devront dans tous ces détails être conformes aux conditions posées par la loi (art. 2, 3, 4 in fine etc.).

Cette rédaction des statuts est bien simplifiée aujourd'hui par les nombreux exemples et modèles que procure la société des agriculteurs de France. Selon les besoins du pays, les milieux dans lesquels devra fonctionner le syndicat, son programme sera modifié. Le syndicat prendra un nom en rapport avec le but essentiel qu'il se propose : Syndicat des viticulteurs, des sériciculteurs, syndicat pomologique, etc., etc.

Les petites questions de détail, beaucoup moins importantes varient à l'infini ; le montant des cotisations est généralement très faible ; le nombre des membres du comité administrateur sera fixé selon l'importance probable du syndicat. Enfin selon la nature de culture, les besoins ou les avantages à espérer d'une circonscription plus ou moins vaste, le syndicat s'étendra à une simple commune ou à un canton ou quelquefois même à un département tout entier.

La préparation des statuts nécessite des réunions des membres fondateurs ; il faut en effet qu'ils se concertent, qu'ils discutent pour s'éclairer mutuellement sur les meilleures clauses à insérer. La circulaire ministérielle du 25 août 1884 leur reconnait ce droit de réunion sans qu'ils encourent les pénalités des articles 291 et suivants du Code pénal.

Il appartient à l'assemblée générale des futurs syndiqués d'approuver ces statuts. Aussitôt cette approbation donnée le syndicat est constitué, il ne reste qn'à en rédiger le texte en plusieurs exemplaires et à en opérer le dépôt conformément à l'article 4 pour que son existence légale soit définitive et qu'il puisse entrer en fonction.

Cette rédaction des statuts peut être faite soit par acte notarié, soit par acte sous seing privé ; un exemplaire restera aux archives de la société et deux autres seront déposés à la mairie du siège social (1). Ils sont dispensés de l'impression, de l'enregistrement et n'ont pas à être rédigés sur timbre.

« L'obligation pour les syndicats en formation d'opérer le dépôt, n'existe qu'à partir du jour où les statuts ont été arrêtés et où par conséquent, le syndicat est naturellement formé » (1) Ce sont les fondateurs de tout syndicat professionnel qui devront assurer ce dépôt (art. 4 de la loi). Ce sont eux qui bien souvent seront choisis comme premiers administrateurs ; mais dans le cas où cette charge serait confiée à d'autres, ces derniers seraient responsables de l'inaccomplissement de cette formalité et passibles des peines de l'article 9.

Ce dépôt doit comprendre : 1° les statuts ; 2° les noms de ceux qui, à un titre quelconque, sont chargés de l'administration. On ne doit entendre par ces derniers que les membres du bureau proprement dit (Boullaire). MM. Coulet et Lèbre donnant une plus grande extension veulent y englober « tous ceux qui ont une gestion quelconque dans le sens le plus large du mot, quelle que soit leur dénomination » (2). Cette interprétation qui exi-

---

(1) Circulaire ministérielle du 25 août 1884.
(2) Coulet et Lèbre, Guide pratique des syndicats, p. 10.

gerait le dépôt des noms des commis et employés nous paraît exagérée. Ceux-ci ne font qu'exécuter les ordres du bureau administrateur, quelqu'importantes que soient leurs fonctions, on peut dire qu'ils ont une gestion, mais non l'administration.

Ces documents, signés du président et du secrétaire, doivent être déposés en double exemplaire (1) sur papier libre, à Paris : à la préfecture de la Seine, et dans les départements : à la mairie du siège social. Mention est faite de ce dépôt sur un registre spécial par l'administration qui en délivre un récépissé.

Les maires et le préfet de la Seine doivent communiquer les statuts au procureur de la République. Ce magistrat chargé de veiller à l'exécution de la loi vérifie la légalité du syndicat et poursuit les infractions qui auraient été commises.

Quand ces formalités sont remplies, le syndicat existe légalement et peut se livrer à ses opérations, mais le jour où un changement quelconque sera opéré soit dans la direction, soit dans les statuts, il faudra renouveler ces dépôts. Cette nouvelle formalité était nécessaire pour permettre aux autorités compétentes de contrôler si le syndicat conserve toujours son caractère légal et si les administrateurs jouissent des qualités requises pour remplir leurs fonctions. Nous verrons plus loin quelles sont ces qualités.

Les infractions aux dispositions que nous venons d'examiner sont prévues par l'article 9 : « Elles seront poursuivies contre les directeurs ou administrateurs de syndicats et punies d'une amende de 16 à 200 francs. Les tribunaux pourront en outre, à la diligence du procureur de la République, prononcer la dissolution du syndicat. » Les tribunaux tiendront compte de la bonne foi des parties, s'il ne s'agit que d'une négligence dans le dépôt des changements survenus. En cas de refus de dépôt des statuts primitifs, ils n'auront qu'à constater l'inexistence du syndicat et prononcer la dissolution d'une réunion de fait illicite.

« En cas de fausse déclaration relative aux statuts et aux noms et qualités des administrateurs ou directeurs, l'amende pourra être portée à 500 francs. »

Un des éléments essentiels du caractère professionnel du syndicat est la qualité des membres qui le composent.

Voyons quels sont ceux qui pourront faire partie d'un syndicat agricole.

11 — Qui peut faire partie d'un syndicat agricole.

L'article 2 de notre loi nous dit que les membres des syndicats professionnels doivent être exclusivement recrutés parmi les personnes exerçant les mêmes professions, des métiers similaires ou des professions connexes concourant à l'établissement de produits déterminés.

Le législateur ne s'est nullement préoccupé de la capacité civile et politique des membres des syndicats. Les majeurs, hommes ou femmes, même privés de leurs droits civils et politiques peuvent en faire partie. La qualité de Français n'est pas requise, tous les étrangers pourront donc être admis, sans avoir toutefois le droit de participer à l'administration (art. 4). Les mineurs auront besoin de l'autorisation de leurs père et mère ou tuteur, les femmes mariées de celle de leur mari ou de la justice. Les mineurs émancipés et les femmes mariées autorisées à faire le commerce n'ont besoin d'aucune autorisation.

Ces principes posés, des difficultés s'élèvent sur le point de déterminer les personnes qui, conformément à l'article 2, pourront composer un syndicat agricole.

Cet article prévoit trois catégories de personnes :

1. Les personnes exerçant la même profession ;

2. Les personnes exerçant des métiers similaires ;

3. Les personnes exerçant des professions connexes.

La première catégorie, celle des personnes exerçant la profession agricole, ne saurait soulever de difficultés. Tous ceux qui travaillent dans le but d'obtenir de la terre une production quelconque sont agriculteurs, Laboureurs, jardiniers, métayers, fermiers, bergers, vignerons, pépiniéristes, arboriculteurs, journaliers agricoles sont tous agriculteurs au même titre, bien que leurs travaux soient souvent de nature bien différente. On ne saurait tenter de donner une énumération complète des occupations variées à l'infini que comporte l'agriculture.

Quant aux métiers similaires qui donneront accès aux

syndicats agricoles, ils sont peu nombreux et leur énumération assez délicate donne lieu à des divergences d'appréciation. Le mot similaire est très vague, le législateur ne pouvait cependant donner une liste complète des métiers similaires des différentes industries, et comme le dit M. Tolain, le rapporteur de la commission « c'est de la nature des faits et de l'industrie que ressortira pour tout le monde ce qui est vraiment similaire et ce qui ne l'est pas. En présence des progrès continuels de l'industrie, nous en sommes réduits à reconnaître que ce qui est similaire ne pourra ressortir que de l'appréciation des intéressés, du gouvernement ou des tribunaux. » (1).

M. Boullaire nous cite comme similaires de l'agriculteur : les fromageries qui recueillent le lait de plusieurs exploitations agricoles, le convertissent en beurre et en fromage et en effectuent la vente ; les distilleries et les sucreries qui, achetant les betteraves de ceux qui les cultivent, les convertissent en alcool et en sucre (2). On a trouvé un peu hardie cette classification des distilleries, qui, semble-t-il, touchent plutôt à l'industrie proprement dite qu'à l'agriculture. Les bouilleurs de crû ont été rangés encore comme exerçant un métier similaire.

Les professions connexes se rattachant à l'agriculture sont en nombre infini. C'est que les besoins des agriculteurs sont si variés qu'ils se trouvent en relation plus ou moins intime avec la plupart des professions. Ainsi l'a-

(1) *Journal officiel*. Sénat, 9 juillei 1882.
(2) Boullaire : Manuel des syndicats agricoles,

griculteur aura des rapports quotidiens avec le maréchal-
ferrant, le vétérinaire, le marchand d'engrais, de semences, de machines agricoles, avec le charron, le bourrelier,
etc. Tous sont indispensables à l'exploitation des terres,
tous devraient pouvoir, aux termes de la loi, faire partie
d'un syndicat agricole. M. Georges Gain leur refuse cependant ce droit (1).

En pratique les syndicats agricoles prennent la précaution de se prémunir par leurs statuts contre leur intru-
sion. Il y a en effet divergence absolue entre les intérêts
des uns et des autres et les syndicats ont usé de leur pouvoir en interdisant leur accès à ceux précisément contre
lesquels ils pourraient avoir à agir. On ne comprendrait
pas bien le rôle des différents fournisseurs que nous
avons cités dans un syndicat agricole dont le but essentiel est de rechercher et de poursuivre les fraudes et la
mauvaise foi de ces mêmes fournisseurs. Les admettre
serait s'exposer à des dissensions intestines fort compro-
mettantes pour la prospérité du syndicat. On ne peut que
féliciter ceux qui ont prévu ces inconvénients par des
clauses prohibitives.

Un point important est celui de savoir si les professeurs d'agriculture peuvent faire partie d'un syndicat.
Certains commentateurs de la loi ont voulu leur refuser
ce droit ; M. Gain se prononce en ce sens. Le principal
grief invoqué a été la qualité dominante de fonctionnaires

(1) G. Gain. Les syndicats agricoles professionnels, n° 18.

de ces professeurs. Les raisons qui ont dicté cette sentence, bien qu'ayant une certaine portée, ne nous paraissent cependant pas suffisamment concluantes pour priver les syndicats du concours précieux que pourraient fonrnir des professeurs instruits. Personne mieux qu'eux ne serait à même de donner des conseils pratiques sur les qualités ou inconvénients de tel engrais ou instrument agricole, de telle semence, eu égard à la nature du sol, au climat, etc. Leurs connaissances techniques sont de nature à rendre les plus grands services. C'est bien à un professeur départemental d'agriculture, M. Tanviray, qu'est due la création du premiér syndicat agricole, celui du Loir-et-Cher ; c'est bien encore un professeur, M. Fievet, qui fonda le 4 février 1884 le syndicat des Ardennes, aujourd'hui si prospère.

La question la plus vivement discutée concerne les propriétaires non exploitants. Peuvent-ils ou non faire partie d'un syndicat ?

Nous n'entrerons pas dans les détails des argumentations pour ou contre, qui feraient l'objet d'une étude plus juridique que la notre ; nous nous contenterons de signaler les diverses opinions soutenues et d'indiquer les motifs qui nous feront prononcer.

M. Sénart le premier a longuement discuté la question et soutenu le droit du propriétaire non exploitant ; après lui, MM. Boullaire et Dubled ont développé la même théorie (1). En sens contraire M. Gain soutient que mal-

_____

(1). Sénart : Rapport à la Société des Agriculteurs de France.

gré l'intérêt qu'il y aurait à reconnaître un pareil droit aux propriétaires, les textes même de la loi nous l'interdisent.

Le grand argument de M. Gain est tiré de la condition que pose la loi : exercer une profession. Que faut-il entendre par : exercer une profession ? D'après M. Gain, une profession c'est la « condition d'une personne qui, habituellement, se livre comme patron, comme ouvrier, à un travail manuel ou intellectuel, etc.» . Or le propriétaire non exploitant n'accomplit ni travail manuel, ni travail intellectuel ; il n'intervient, nous dit-il plus loin, que pour surveiller sa propriété et la conserver.

Nous sommes d'avis que cette dernière intervention comporte un travail intellectuel, souvent considérable, sans lequel la propriété abandonnée dépérirait bientôt. Et si, grâce à cette intervention intelligente, la production se maintient, en admettant qu'elle n'augmente pas, ne doit-on pas reconnaître au propriétaire non exploitant une influence dans cette production ? Il représente les intérêts permanents du sol, veille aux améliorations constantes, à la régularité des assolements, à l'emploi des pailles et engrais, il a enfin un rôle économique très important.

Il faut reconnaitre que dans notre loi, d'ordre économique, le mot profession doit être entendu dans un sens

Annuaire 1885, p. 481. Boullaire: Manuel des Syndicats professionnels; Dubled : Revue des Deux-Mondes : Les Syndicats Agricoles, 1887.

beaucoup plus large que ne voudrait lui accorder M. Gain.
Or au sens économique une profession c'est tout rôle,
toute fonction économique, toute condition de la vie. La
fonction économique du propriétaire non exploitant, nous
venons de la déterminer, ne fût-ce même qu'une fonction
conservatrice ; il est en outre fort intéressé à toutes les
améliorations ou progrès agricoles qui, en augmentant la
production, augmenteront ses revenus. Disons, en terminant, qu'il est bien rare qu'un propriétaire non exploitant n'ait pas quelques réserves qu'il fait cultiver pour
son agrément, ce qui lui donne un droit incontestable à
faire partie d'un syndicat.

L'opinion que nous admettons est en même temps la
plus favorable au développement et au progrès des syndicats. Ils ont tout intérêt à posséder comme membres
des propriétaires instruits auxquels leurs loisirs permet-
tront de consacrer plus de temps à l'étude des améliorations possibles. Un syndicat uniquement composé d'agriculteurs proprement dits marcherait sûrement moins vite
dans la voie du progrès. Les propriétaires plus riches
pourront, au point de vue pécuniaire, favoriser l'extension des institutions du syndicat. L'exemple qu'ils donneront par l'expérience de procédés demandant une
avance de fonds assez importante pourra être d'un très
bon effet (1).

(1) En ce sens : Bry, Législation industrielle; César Bru, Les
Syndicats professionnels.
Contre : Glotin, Etude sur les Syndicats ; Pic, Législation in-
dustrielle.

A un autre point de vue, la présence des propriétaires non exploitants dans les syndicats présente un vif intérêt. Elle permet aux syndicats de s'acquitter de leur rôle social, tel que l'envisagent les amis de l'ordre et de la paix. Par le caractère mixte qu'elle leur donne, elle en fait le plus puissant moyen de conciliation, d'union entre patrons et ouvriers. Dans cette association intime où tous se pressent et unissent leurs efforts pour la défense des intérêts communs, le fort et le faible éprouvent un égal besoin de se prêter un mutuel appui. Dans cette harmonie d'efforts que demande la production, la force physique se sent impuissante si elle n'est dirigée par la force de l'intelligence appuyée elle-même de la force du capital, et vice versa, ces dernières sentent tout le besoin qu'elles ont de l'appui de la force physique. Cette union de classes à laquelle tendent les syndicats agricoles, procède du manifeste ouvrier des Soixante (1863) auquel Proud'hon avait collaboré, et dans lequel on lisait : « Bourgeois, vous ne pouvez rien sans nous ; nous, ouvriers, nous avons par contre besoin de vous pour nous instruire et nous diriger. Unissons-nous donc pour résoudre ensemble la question sociale » (1).

La légalité du caractère mixte qu'ont pris bon nombre de syndicats est généralement reconnue, on ne soutient plus qu'un syndicat professionnel doit être exclusivement composé d'ouvriers ou de patrons.

(1) D'après M. Kergall : Discours au Congrès national des Syndicats agricoles d'Orléans 1897.

CHAPITRE DEUXIÈME

ORGANISATION et FONCTIONNEMENT
DES SYNDICATS

Après le dépôt de ses statuts et du nom de ses administrateurs le syndicat jouit d'une personnalité civile, d'une vie propre qu'il possède par le seul fait de sa création, sans avoir à solliciter cette faveur des pouvoirs publics.

Cette prérogative est éminemment favorable au développement des syndicats, qui ne rencontrent plus aucun obstacle, et se trouvent au jour même de leur naissance, en dehors de toute formalité administrative, aptes à accomplir des actes civils au même titre qu'une personne physique : agir en justice, transiger, compromettre, acquérir, etc.

C'est le président du syndicat qui représentera cette nouvelle personne morale dans la limite des pouvoirs que lui confient les statuts. Le rôle du président est très important, le syndicat peut avoir des intérêts considérables en jeu, qui toucheront même quelquefois à des intérêts d'un ordre plus élevé, d'ordre national. En considération de l'étendue de ces pouvoirs, le législateur de 1884 a pris soin de déterminer les qualités que doivent réunir le président et les membres administrateurs appelés à l'aider.

L'article 4 nous dit dans son dernier paragraphe que pour participer à l'administration il faut : 1° être membre du syndicat ; 2° être français ; 3· jouir de ses droits civils.

Le comité administrateur est généralement doublé d'une chambre syndicale, sorte de conseil d'administration qui l'assiste suivant le rôle que lui assignent les statuts. Si un membre de cette chambre syndicale était appelé à s'occuper spécialement d'une affaire, il deviendrait administrateur et devrait remplir les conditions de capacité exigées par l'article 4.

I. — Droit d'ester en justice.

« Les syndicats professionnels auront le droit d'ester en justice » nous dit l'article 6. Un syndicat agricole pourra par l'intermédiaire de son représentant légal intenter une action ou défendre devant toute espèce de juridiction. La limite de son droit d'action est toutefois assez difficile à déterminer.

Il pourra agir soit dans son intérêt propre, s'il est

directement engagè, soit dans l'intérêt collectif de l'agriculture ; et c'est dans ce dernier cas, que des hésitations pourront s'élever dans chaque circonstance particulière sur le point de savoir si l'intérêt en jeu est bien collectif et professionnel. Une affaire personnelle à un syndiqué peut provoquer une action de la part du syndicat, si, outre l'intérêt personnel, l'intérêt général a été lésé. Il faut bien qu'il en soit ainsi pour que le syndicat puisse répondre au but dans lequel il a été créé. Un syndicat agricole défendra avec raison ses membres en requérant l'application de la loi du 4 février 1888 contre un commerçant qui aurait trompé sur la qualité de ses engrais, sur leur dosage. Le rôle de tout syndicat est de veiller aux intérêts économiques et professionnels de ses membres (art. 3).

Le syndicat agira dans son propre intérêt lorsque sa personnalité se trouvera en jeu, pour défendre son honneur, son droit de propriété sur les meubles et immeubles qui peuvent lui appartenir.

II. -- Patrimoine des Syndicats.

Le second paragraphe de l'article 6 est ainsi conçu : « Ils pourront employer les sommes provenant des cotisations. Toutefois, ils ne pourront acquérir d'autres immeubles que ceux qui seront nécessaires à leurs réunions, à leurs bibliothèques et à des cours d'instruction professionnelle. »

Un syndicat agricole pourra donc avoir un patrimoine mobilier indéterminé, la loi ne lui impose aucune limite. Les cotisations et les libéralités qu'il pourra recevoir arriveront quelquefois à lui constituer un capital assez important. Les cotisations sont généralement bien minimes, leur montant varie de 0 fr. 50 à cinq francs, mais ne s'élève le plus souvent qu'à 2 ou 3 francs. Il existe quelquefois des membres fondateurs payant des cotisations plus fortes. M. le comte de Rocquigny signale en outre des syndicats pratiquant un système qui consiste à proportionner la cotisation soit au nombre d'hectares de terres dont les syndiqués sont propriétaires, soit au chiffre de l'impôt foncier (1). Les ressources des syndicats agricoles sont généralement très faibles, les libéralités, dons ou legs, pourront seuls augmenter leur actif mobilier.

Nous verrons que la plupart des syndicats agricoles ont acheté des instruments qu'ils louent ensuite à leurs membres ; mais ce prix de location ne doit représenter que le recouvrement de leurs déboursés, et non pas être une cause d'enrichissement pour eux, pas plus que les majorations prélevées sur les factures des fournisseurs, dont le seul but doit être de couvrir les frais de commande, entrepôt, analyse et distribution.

Le mode d'emploi du capital mobilier est libre ; il pourra alimenter des caisses d'assistance, de retraites,

(1) Syndicats de Seine-et-Oise, de la Marne, du Gers. — Les Syndicats agricoles, p. 18.

de secours mutuels, de crédit, etc. Une seule limite est imposée pour l'acquisition d'immeubles : « ils ne pourront acquérir d'autres immeubles que ceux qui seront nécessaires à leurs réunions, à leurs bibliothèques et à des cours d'instruction professionnelle. » Les syndicats agricoles sont plus que tous les autres appelés à user de ce droit, avec la plus grande latitude possible, par le but qu'ils poursuivent et les moyens d'action qu'ils emploient pour y réussir. Par les bibliothèques ils offrent à leurs membres les avantages d'une instruction théorique dont ils assurent le complément pratique par les expérimentations faites dans des champs de cultures diverses. Des syndicats importants se sont adjoint un professeur d'agriculture chargé de diriger ces expériences, de contrôler par l'analyse le dosage des engrais, de donner des conférences instructives. Ils ont le droit d'acquérir tous les locaux nécessaires à l'instruction professionnelle.

Le législateur, en limitant strictement ces propriétés immobilières, a eu pour but d'éviter la trop grande extension des biens de mainmorte. Peut-être aurait-il pu laisser plus de liberté. Les syndicats agricoles auraient été à même, grâce à une plus grande latitude, de créer des institutions d'encouragement à toutes sortes d'améliorations agricoles, qui ne peuvent cependant être considérées, d'après les dispositions expresses de la loi, comme poursuivant l'unique but d'instruction professionnelle.

Une statistique de ces différentes institutions organisées par les syndicats agricoles constate au 1er juillet 1895 l'existence de 80 jardins, vignes ou champs d'expérience, 49 bibliothèques, 40 pépinières, 11 laboratoires d'analyses ou expertises (1). Ces chiffres sont sûrement dépassés aujourd'hui.

Si les limites imposées par l'article 6 étaient violées par un syndicat, les articles 8 et 9 nous apprennent quelle serait la sanction. Nous nous bornerons à rappeler le texte de ces articles : « Lorsque des biens auront été acquis contrairement aux dispositions de l'article 6, la nullité de l'acquisition ou de la libéralité pourra être demandée par le Procureur de la République ou par les intéressés. Dans le cas d'acquisition à titre onéreux, les immeubles seront rendus, et le prix en sera déposé à la caisse de l'association. Dans le cas de libéralité, les biens feront retour aux disposants ou à leurs héritiers ou ayants-cause » (art. 8).

« Les infractions aux dispositions des articles 2, 3, 4, 5 et 6 de la présente loi seront poursuivies contre les directeurs ou administrateurs des syndicats et punis d'une amende de 16 à 200 francs. Les tribunaux pourront en outre, à la diligence du procureur de la République, prononcer la dissolution du syndicat et la nullité des acquisitions d'immeubles faites en violation des dispositions de l'art. 6 » (art, 9).

Les syndicats agricoles seront naturellement tenus de

(1) Le Monde économique du 22 mai 1897.

payer les impôts qui incombent à tout propriétaire de biens meubles ou immeubles ; s'ils jouissent des avantages de la personnalité, il est juste qu'ils en supportent aussi les charges. On ne saurait d'ailleurs les soumettre à l'impôt de la patente, pas plus qu'à la taxe des biens de mainmorte frappant les personnes morales limitativement déterminées par la loi du 20 février 1849. Ils échappent également à l'impôt sur les valeurs mobilières créé par la loi du 29 juin 1872 sur les bénéfices annuels des parts d'intérêts et commandites dans les sociétés, compagnies et entreprises, dont le capital n'est pas divisé par actions. Les modifications apportées à cette loi par les lois des 28 décembre 1880 et 29 décembre 1884, visant les sociétés dans lesquelles les produits ne doivent pas être distribués entre leurs membres en tout ou en partie ne l'ont pas rendue applicable à nos syndicats. Leurs revenus ne constituent pas une richesse acquise et destinée à durer, mais bien un fonds roulant toujours employé aux intérêts professionnels.

Unions de Syndicats.

La loi de 1884 ne s'est pas seulement contentée d'accorder aux individus le droit d'association. De même que ceux-ci avaient à se concerter pour la défense de leurs intérêts, de même il était nécessaire de laisser aux différents syndicats, la liberté de s'associer entr'eux pour combiner leurs efforts et arriver par une action commune vers le même but à une défense plus effective.

L'article 5 prévoit la formation d'unions de syndicats ; « Les syndicats professionnels régulièrement constitués d'après les prescriptions de la présente loi pourront librement se concerter pour l'étude et la défense de leurs intérêts économiques, industriels, commerciaux et agricoles.

« Ces unions devront faire connaître, conformément au deuxième paragraphe de l'article 4, les noms des syndicats qui les composent.

« Elles ne pourront posséder aucun immeuble, ni ester en justice ».

Le dépôt opéré conformément à l'article 4, devra en outre comprendre le nom des administrateurs.

Nous verrons que ces unions ont puissamment aidé les syndicats agricoles dans leur rôle économique et social. Elles impriment une direction, une ligne de conduite uniforme aux syndicats que des intérêts solidaires ont amenés à se rapprocher, elles resserrent d'une façon très étroite les liens de cette solidarité. Elles sont enfin essentiellement favorables au développement d'institutions demandant un vaste champ d'action pour leur efficace fonctionnement.

Ces unions sont régionales ou départementales suivant qne leur action s'étend à un ou plusieurs départements. Il existe en outre au-dessus d'elles l'Union centrale des syndicats des agriculteurs de France à Paris. Cette Union

centrale s'est donné pour mission de représenter les
syndicats au point de vue des intérêts généraux de l'agriculture. Elle intervient auprès des pouvoirs publics pour
leur transmettre les vœux des populations rurales sur
les réformes fiscales ou législatives qu'imposent leurs besoins. Il faut reconnaître qu'elle a su acquérir par son
zèle et son actif dévouement une autorité toujours gran-
dissante et souvent écoutée.

DEUXIÈME PARTIE

ROLE ECONOMIQUE ET SOCIAL
DES SYNDICATS AGRICOLES

L'objet exclusif des syndicats est, d'après l'article 3 de la loi du 21 mars 1884, l'étude et la défense des intérêts économiques, industriels, commerciaux et agricoles. Le rôle spécial de nos syndicats agricoles est d'une importance capitale, non-seulement pour les intérêts individuels pris isolément, mais encore pour l'économie nationale tout entière. Si l'on songe en effet aux besoins pressants de l'agriculture au moment où fut votée notre loi, au délabrement général causé par une longue crise, par les ravages du phylloxera et par l'émigration des campagnes vers les villes, on comprend qu'au succès des syndicats agricoles était intimement liée une question d'intérêt national, on pourrait presque dire de relèvement national.

L'effet de la crise agricole dont souffrait la France se faisait ressentir directement sur les populations rurales, et d'une façon indirecte, mais non moins vive sur une grande majorité de la population toute entière. C'est un fait indiscutable que de la prospérité agricole de la France dépend la prospérité nationale elle-même (1). N'est-ce pas la population rurale qui paie le plus lourd des impôts qui servent à alimenter nos budgets ; n'est-ce pas elle qui fournit le plus solide contingent de nos armées. Le jour où l'agriculteur ruiné serait obligé de s'expatrier, la France en serait réduite à la misère dont souffre l'Italie. Nous ne pouvons être un peuple exclusivement industriel ou manufacturier. Notre sol nous offre une source naturelle de richesses que nous sommes habitués à exploiter, qui a toujours employé une grande partie de nos forces productrices. Le jour où cette industrie subit une crise, la répercussion se fait immédiatement ressentir sur toutes les autres ; l'émigration des campagnes vers les villes ne fait qu'augmenter l'étendue du désastre ; le manque de bras aggrave la situation d'un côté, tandis que leur abondance excessive dans les grands centres va susciter une concurrence néfaste dans l'offre du travail.

Le résultat immédiat en sera une diminution considérable du bien-être de la classe ouvrière et indirectement

_____

(1) « Il est grand temps de réfléchir pour agir, de nous demander quelle est l'essence même de la puissance et de la grandeur française pour développer cette essence..... La France est et doit êt.e avant tout agricole».Revue politique et parlementaire,10 juillet 1897, p. 36.

quelquefois une crise de surproduction dans les industries qui ont trop profité de l'abaissement du prix de la
main-d'œuvre, nouvelle crise dont la classe ouvrière aura
encore à souffrir.

Procurer à l'agriculteur une production plus abondante, augmenter ses ressources et diminuer ses dépenses, l'attacher à la terre et faire revenir ceux qui l'a-
vaient abandonnée, maintenir ainsi l'équilibre dans la
répartition des forces productrices, tel est en deux mots
le rôle économique et social des syndicats agricoles (1).

De nos jours où l'esprit révolutionnaire-collectiviste
cherche à s'implanter partout pour substituer à notre
régime de libre concurrence un régime qui serait la
négation de toute liberté individuelle, le syndicat agricole
doit s'appliquer à maintenir et développer l'amour de la
propriété, condition première de toute liberté, l'attache-
ment au sol qu'un travail opiniatre et de plusieurs géné-
rations a seul pu fertiliser. Ce résultat il l'obtiendra en
faisant l'éducation sociale de l'agriculteur, en lui faisant
rechercher par l'union, par l'association la prospérité
qu'elle seule peut lui procurer.

Les collectivistes ont cherché à enrégimenter le prolétariat agricole, à créer des syndicats purement ouvriers

---

(1) M. Georges Michel se préoccupant de la dépopulation des
campagnes et des remèdes à y apporter nous dit : « La cause première de dépopulation est l'état d'infériorité de l'agriculture.....
.... La première mesure à prendre pour enrayer le mouvement
d'émigration des campagnes vers les villes est d'essayer de fixer
l'ouvrier agricole d'une façon stable dans les champs en lui pro-
curant les moyens de subsister. » (*L'Economiste Français*
du 10 avril 1897.

dans le centre de la France, mais malgré l'activité déployée les résultats obtenus sont loin d'être concluants. C'est que le prolétariat agricole n'existe pas au même titre que le prolétariat industriel. La grande majorité des ouvriers agricoles sont également propriétaires de quelques parcelles de terre auxquelles ils sont très attachés. Ils savent ce qu'ils tiennent, ils ne savent pas ce qui leur reviendrait des belles promesses qu'on s'efforce de leur faire entrevoir. Ils préfèrent conserver pleine leur liberté qu'un régime collectiviste restreindrait plus encore pour eux que pour tous autres ouvriers industriels. Aussi voit-on se développer et prospérer les syndicats mixtes de propriétaires et ouvriers, tandis que les syndicats purement ouvriers ne se forment bien souvent que pour une durée éphémère.

L'intérêt bien compris des ouvriers et propriétaires leur commande d'ailleurs de chercher par l'union intime de leurs forces dans un même syndicat, tous les avantages que peut leur procurer l'association.

Malgré les menées socialistes, l'avenir, plus encore que le présent appartiendra à ces syndicats mixtes.

L'ouvrier y trouve des avantages que ses ressources seules ne sauraient suffire à lui procurer. Il bénéficie de l'intelligence, de la science et de l'expérience d'hommes auxquels des besoins matériels moins pressants laissent les loisirs d'approfondir des questions économiques difficiles. « Les résultats économiques ne découlent-ils pas avec la dernière évidence de ce que, dès la première

heure, les syndicats agricoles se sont trouvés pourvus
d'états-majors « bourgeois », possédant à la fois le savoir
et le loisir, grâce à une situation de fortune qui, en même
temps qu'elle leur rendait le désintéressement plus facile,
leur permettait de consacrer à leurs frères cadets les heu-
res que n'absorbait pas la nécessité de gagner le pain
quotidien. Possédant l'instruction générale, ces états-
majors ont pu acquérir rapidement l'instruction professionnelle nécessaire à l'œuvre et se donner tout en-
tiers à cette œuvre ». (1)

Des institutions de secours mutuels, assistance. de
coopération etc., seront créée au profit du syndicat tout
entier, aux bienfaits desquelles l'ouvrier participera dans
une large mesure. Leurs ressources étant évidemment
plus considérables que celles de syndicats purement ouvriers, son bien être matériel et moral s'accroitra d'autant.

Ce qui manque aux syndicats ouvriers, c'est la direction, l'administration accaparée par des fomentateurs
dont les capacités ne répondent le plus souvent qu'aux
prétentions ambitieuses et exagérées du parti qu'ils
servent. Ils font leur jeu au détriment des intérêts ouvriers souvent compromis par leur faute. L'intervention
de certains députés socialistes lors de la crise forestière
dans le centre de la France, et l'organisation de syndicats
de bucherons qui, à leurs instigations, sortirent de leur

(1) Rapport de M. Kergall au congrès national d'Orléans 1897.

role, fomentant la grève dans la Nièvre, le Cher, l'Allier et le Loiret, au lieu de rechercher une entente amiable, ne firent qu'aggraver la situation. « Le plus clair résultat de ces manœuvres a été d'empêcher les marchands de bois de se porter adjudicataires des coupes, par crainte des difficultés et des pertes auxquelles ils se voyaient exposés... Un grand nombre de bucherons du Centre de la France se sont ainsi trouvés privés des salaîres qui constituaient leur principal moyen d'existence ». (1)

Les tentatives opérées par les socialistes pour introduire dans les travaux agricoles de toute espèce le régime des grèves qu'ils ont si facilement pu répandre dans les travaux industriels méritent d'attirer l'attention des syndicats agricoles mixtes. Ceux-ci doivent s'appliquer à servir les intérêts des ouvriers agricoles mieux que ne peuvent le faire les syndicats purement ouvriers, et ils ont les moyens d'y arriver. L'ouvrier agricole en contact plus direct avec le propriétaire est, mieux que l'ouvrier industriel, en état d'apprécier les sacrifices que s'impose un chef d'exploitation, les bénéfices qu'il en retire et la part qui peut être attribuée à la rémunération du travail. Il saura donc se rendre compte des avantages que lui offrira le syndicat mixte et une fois éclairé, il ne se laissera pas leurrer en belles espérances qu'il comprendra irréalisables.

Les conséquences des grèves, funestes dans l'industrie,

(1) Comte de Rocquigny. Les syndicats agricoles. p. 121.

seraient bien autrement ruineuses dans les travaux agricoles. Une grève dans une manufacture ou usine ne prive celle-ci de production que pour le temps qu'elle dure ; appliquée à l'agriculture au moment des travaux urgents elle peut priver les propriétaires de leur récolte, c'est-à-dire de tous leurs revenus annuels. Peut-être pourront-ils une fois se soumettre aux exigences des grévistes devant l'impérieux besoin d'accomplir un travail, mais il suffira souvent que ces prétentions exagérées se renouvellent une seconde fois pour le coût de la main-d'œuvre dépassant le revenu de la récolte attendue ; ils se voient dans l'obligation de laisser leurs terres incultes.

Ce serait compromettre l'industrie agricole dont la situation est déjà si précaire et la condamner à une ruine à peu près certaine.

Les conséquences économiques, grosses d'inconvénients pour les propriétaires, ne seraient pas moins graves pour la classe ouvrière. La production agricole arrêtée, une hausse considérable ne tarderait pas à se produire dans le prix des denrées de toutes sortes, et le travailleur serait la première victime de cette crise. Ce serait la misère dans la campagne suivie à bref délai de la misère dans les villes où viendraient s'entasser les ouvriers sans travail. Une pareille expérience serait surement assez probante pour ramener a de meilleurs sentiments les grévistes édifiés sur l'exagération dans laquelle ils auraient été poussés, mais le mal serait fait, il faudrait en supporter les conséquences.

Ce n'est guère encore que dans le Centre que des syndicats ouvriers ont été tentés. Les circonstances s'y sont prêtées, les ouvriers bûcherons, en nombre assez considérable, étaient dans une situation difficile par suite de la crise forestière et de la concurrence de nombreux ouvriers la plupart étrangers à la profession, qui avaient entraîné une forte dépréciation des salaires. On comptait en 1896 : Un syndicat agricole ouvrier dans l'Allier, trente dans le Cher, dix dans le Loiret, quatorze dans la Nièvre, sept dans la Côte-d'Or, trois dans l'Hérault, deux dans l'Aude et un dans chacun des départements suivants: Gard, Ardennes, Loir-et-Cher, Seine-et-Marne, Pyrénées-Orientales (1). Après les départements forestiers, ce sont ceux de vignobles qui en comptent le plus grand nombre. Beaucoup plus laborieuse est la concentration dans un syndicat des ouvriers se livrant aux mille travaux différents que demande la culture du sol, dans le but de faciliter les grèves, elle n'est cependant pas impossible. « Ce qui se passe aujourd'hui dans le domaine forestier, observe le « Journal de l'Agriculture », se passera demain peut-être dans le domaine agricole ; les cultivateurs ne sauraient donc trop veiller sur le nouveau danger qui les menace ».

C'est là une mission sociale qu'impose aux syndicats agricoles la défense de leurs intérêts économiques et

---

(1) Rapport à l'office du travail (1896) M. le comte de Rocquigny.

professionnels et dont ils ne s'acquitteront qu'en faisant l'éducation économique et sociale des agriculteurs.

Cette éducation sociale dont ils ont la charge se fera en dehors des menées politiques qui président au fonctionnement des syndicats ouvriers de l'industrie. Nos syndicats essentiellement mixtes par leur nature (1) ont une supériorité incontestable sur ces derniers. Les membres qui les composent, bien loin d'être enrégimentés politiquement conservent une liberté d'esprit à laquelle la seule influence de leurs procédés pratiques viendra imprimer une direction en dehors de toute prédication. Au lieu de la guerre de classes que prêche le syndicat ouvrier en général, le syndicat agricole favorisera l'union des classes, et cela par l'esprit de solidarité qu'il fera naître, par cette intime conviction qu'il fera germer dans les esprits que les intérêts individuels sont étroitement liés aux intérêts généraux, que l'accroissement général du bien être dépend de l'union des forces économiques et non de leur émiettement. La mise en contact dans un même syndicat d'hommes appartenant à des classes différentes est éminemment favorable au progrès de ces idées pacificatrices. Il faut reconnaître qu'en général les syndicats agricoles ont strictement observé leur ligne de conduite, et si on a cru pouvoir prêter des aspirations politiques à certains d'entr'eux, auxquels on

(1) La proportion de ceux qui travaillent parmi les syndiqués varie de 60 à 80 p. 0|0 selon les région (Léopold Mabilleau. — Revue de Paris. p. 120).

reprochait d'avoir admis comme membres des hommes politiques n'y ayant aucun droit, c'est la très rare exception. Le but économique et social qu'ils n'ont cessé de poursuivre a assuré leur développement. Leur succès toujours croissant ne saurait être comparé au misérable délabrement des syndicats ouvriers à l'affut de grèves à fomenter. Ceux-ci ont su fonder quelques utiles insti tutions de prévoyance, des caisses de secours et de retraites, mais leur nombre minime ainsi que celui de leurs adhérents est très significatif quant aux résultats obtenus. Beaucoup d'ouvriers comprendraient qu'ils auraient plus à gagner de relations franchement cordiales et loyales avec leurs patrons si le sentiment intime de la solidarité qui unit leurs intérêts, au lieu d'être étouffé, trouvait un milieu favorable à son épanouissement.

Pour arriver aux résultats complexes que nous venons d'entrevoir la loi a accordé à nos syndicats des moyens pratiques d'action à l'insuffisance desquels l'intelligente initiative de quelques agronomes est venue peu à peu ajouter des institutions extra légales, que les pouvoirs publics ont eu la sagesse de ne pas trop entraver. Pour compléter leur œuvre ils ont remédié à leur impuissance en provoquant à leurs côtés la création de sociétés diverses dont ils ont ainsi assuré les avantages à leurs membres (sociétés coopératives, d'assurances, etc.).

Par les bureaux de placement, les caisses de secours et de retraites qu'ils pourront fonder, ils amélioreront le sort de l'ouvrier dont ils auront aidé l'éducation professionnelle au moyen de cours, conférences, bibliothèques. Le propriétaire, outre ces avantages dont il profitera à son tour, aura des facilités pour ses achats d'engrais, ses ventes, pour la location de machines encore trop chères pour qu'il les achète. Enfin l'intérêt général de l'agriculture aura de dévoués défenseurs parmi les présidents de syndicats et d'unions de syndicats dont l'action collective et éclairée joue le rôle qui appartiendrait à des chambres d'agriculture (1).

Nous ne saurions définir d'une façon plus complète le programme, que doivent se proposer les syndicats agricoles, qu'en citant celui qui a été adopté par le syndicat des agriculteurs de l'Indre et que M. le comte de Rocquigny nous indique comme un des plus parfaits et des plus souvent imités.

« Le syndicat a pour objet général l'étude et la défense des intérêts économiques agricoles et pour but spécial :

1· D'examiner et de présenter toutes réformes législatives et autres, toutes mesures économiques, de les soutenir auprès des pouvoirs publics et d'en réclamer la réalisation, notamment en ce qui concerne les charges qui pèsent sur la propriété foncière, les tarifs de chemins de fer, les traités de commerce, les tarifs douaniers,

(1) Il suffit de parcourir les nombreuses questions étudiées au Congrès National d'Orléans en mai 1897 pour comprendre l'influence heureuse que peuvent exercer les vœux formulés par les représentants les plus accrédités de l'agriculture et qui sont ensuite transmis au pouvoir public par l'Union centrale des syndicats agricoles.

les octrois, les droits de place dans les foires et marchés, etc. ;

2· De propager l'enseignement agricole et les notions professionnelles, tant par des cours, conférences, distributions de brochures, installations de bibliothèques, que par tous autres moyens ;

3· De provoquer et favoriser des essais de culture, d'engrais, de machines et instruments perfectionnés et de tous autres moyens propres à faciliter le travail, réduire les prix de revient et augmenter la production ;

4· D'encourager, de créer et d'administrer des institutions économiques, telles que sociétés de crédit agricole, société de production et de vente, caisses de secours mutuels, caisses de retraites, assurances contre les accidents, offices de renseignements pour les offres et demandes de produits, d'engrais, d'animaux, de semences, de machines et de travail.

5. De servir d'intermédiaire pour la vente des produits agricoles, et pour l'acquisition d'engrais, de semences d'instruments, d'animaux et de toutes matières premières ou fabriquées utiles à l'agriculture, de manière à faire profiter ses membres des remises qu'il obtiendra ;

6· De surveiller les livraisons faites aux membres du syndicat ou effectuées par eux, pour en assurer la loyauté et réprimer les fraudes ;

7· De donner des avis et des consultations sur tout ce qui concerne la profession agricole, de fournir des ar-

bitres et experts pour la solution des questions liti-
gieuses. »

Si nous considérons le mouvement syndical agricole
depuis la loi de 1884, nous serons convaincus à la seule
lecture des chiffres constatés par les statistiques, que,
non seulement les programmes adoptés correspondaient
bien à une infinité de besoins à satisfaire, mais encore
qu'ils ont du être exécutés avec un sens pratique capable
d'obtenir des améliorations. Les syndicats agricoles ont
eu conscience de leur rôle ; l'expérience nécessaire aux
œuvres à peine naissantes viendra parfaire leur œuvre et
assurer leur succès complet.

La statistique nous accuse une progression constante
et rapide : au 1er juillet de chaque année on compte :
en 1884, 5 syndicats agricoles seulement ; en 1885, 39;
en 1886, 96 ; en 1887, 214 ; en 1888, 481 ; en 1889,
557 ; en 1890, 648 ; en 1891, 750 ; en 1892, 863 ;
en 1893, 952 ; en 1894, 1,093 ; en 1895, 1,188 ; en
1896, 1,275. Il faut en outre enregistrer en 1896, 19
unions de syndicats.

Le nombre important de leurs membres augmente
dans les mêmes proportions ; 353,930 en 1893 ;
384,332 en 1894 ; 403,261 en 1895 et 423,492 en
1896, tandis que les syndicats ouvriers de l'industrie ne
compteraient que 422,777 membres (1).

« Ce sont de beaux chiffres, ils sont trop faibles, ils

(1) Le Monde économique du 22 mai 1897.

sont au-dessous de ce qui est en effet, a dit au congrès national des syndicats agricoles d'Orléans (mai 1897) un agronome dont l'autorité n'est pas contestée, M. le comte de Rocquigny. Le ministère de l'intérieur donnait en 1896 (au 1er juillet) le chiffre de 1,275 syndicats, il en existe près de 1,700, il leur attribuait 423,000 membres, il doit y en avoir environ 680,000 » (1). Il est bon ajoute M. Habert-Valleroux de faire remarquer ces résultats pour deux motifs : afin de montrer ce qu'a pu faire, sans encouragements du gouvernement, la seule liberté accordée par la loi de 1884 ; pour démontrer ensuite à ceux qui dénigrent cette loi et la condamnent en n'envisageant que les résultats des syndicats ouvriers, qu'elle a produit de très bons effets en agriculture.

Qu'est-ce qui a valu d'aussi heureux résultats aux syndicats agricoles ? Quels services pratiques ont-ils rendu, quels ont été leurs moyens d'action ? C'est ce que nous allons étudier en examinant à tour de rôle chacune de leurs institutions, chacune de leurs opérations.

I. — ACHATS

Nous nous occuperons tout d'abord des achats, parce qu'ils ont été, dans les premières applications de la loi de 1884, l'objet essentiel (on pourrait presque dire unique) des syndicats agricoles. Il est incontestable que le

_____

(1) L'Economiste français du 26 juin 1897.

développement si rapide de l'idée syndicale doit être attribué principalement aux immenses services rendus d'une façon spéciale dans l'approvisionnement d'engrais. Et c'est bien souvent encore aujourd'hui l'idée première qui préside à la formation de nouvelles associations.

C'est qu'antérieurement à la loi du 21 mars 1884, l'agriculteur ne profitait que d'une façon fort restreinte des progrès que la science mettait à son service. On avait découvert par l'analyse des différentes denrées, des plantes fourragères ou autres, quels éléments elles empruntent à la terre ; l'analyse des terrains permettait à son tour de déterminer quels étaient ceux qui lui manquaient. La théorie vérifiée par l'expérimentation avait divulgué la puissance productrice des engrais chimiques, mais en pratique les agriculteurs se heurtaient à des difficultés sérieuses. Le commerce vendait à des prix exhorbitants de soi-disant produits chimiques dont le dosage ne répondait que rarement à celui pour lequel ils étaient livrés. Le manque d'organisation pratique rendait difficile la poursuite des fraudes nombreuses en cette matière. Toutes ces conditions défavorables n'étaient pas pour encourager l'agriculteur dans l'emploi d'engrais dont l'efficacité productive faussée par le dosage ne correspondait pas à celle promise.

Le premier résultat de l'intervention des syndicats devait être de procurer à bien meilleur marché des marchandises qu'on pouvait commander par grandes quantités, grâce au groupement des acquéreurs, ceux-ci bénéficiant ainsi des faveurs qui sont faites dans le commerce en gros.

Le second et plus important devait être de garantir désormais à leurs membres le dosage de leurs engrais. Une analyse chimique relativement couteuse et ennuyeuse pour celui qui n'achète que par petites quantités devient une formalité facile pour le syndicat qui fera vérifier tous les produits à leur arrivée avant la livraison. De nombreux syndicats se sont attachés dans ce but un laboratoire d'analyses et expertises. Les syndicats posent généralement des conditions très dures aux fournisseurs : « la moindre insuffisance de dosage dans la teneur des engrais motive, nous dit M. le comte de Rocquigny, sous le nom de réfaction, le paiement d'une indemnité double ou triple de la valeur des éléments manquants ».

Pour obtenir les meilleures conditions, les syndicats grands consommateurs mettent en adjudication leurs fournitures d'engrais. Ils ont pu ainsi développer la concurrence entre fabricants au point d'obtenir assez rapidement une baisse formidable sur les prix de tous les produits chimiques utilisés en agriculture. Leur influence en cette matière a été beaucoup plus puissante qu'on n'eût pu l'espérer. On a estimé à 20, 30 et même 40 pour cent la réduction dont bénéficient tous les cultivateurs. Les engrais phosphatés auraient même subi une diminution de 40 à 50 pour cent (1). Les agriculteurs

(1) Rapport à l'Office du travail de M. le comte de Rocquigny. (1896), p. 10.

non syndiqués ont, eux aussi, profité de cette heureuse influence des syndicats sur les prix du commerce.

La vulgarisation des engrais chimiques, très lente il y a 15 ans seulement, a subi les effets de cette action bienfaisante. La consommation des matières fertilisantes s'élèverait d'après M. le Trésor de la Rocque à plus de quatre cents millions de francs, tandis qu'elle n'atteignait, d'après M. Joulie, que 52 millions en 1870. Le syndicat central des agriculteurs de France, à lui seul, a réparti 50 millions de kilogrammes d'engrais dans le courant de l'année 1896 ; l'union des agriculteurs du Sud-Est a atteint le chiffre de 8 millions de kilogrammes et bon nombre d'autres dépassent le million.

La production nationale a gagné beaucoup et les bienfaits des syndicats sont incontestables sur ce point. Notre vieux sol, épuisé par de longs siècles d'une culture uniforme, avait grand besoin qu'on lui rende les éléments nutritifs dont l'avaient appauvri les récoltes successives ; les progrès de la science en ont fourni les moyens, et c'est aux syndicats qu'il devait appartenir de les vulgariser. « Les premiers syndicats, nous dit M. le comte de Rocquigny, n'avaient pas d'autre but que l'achat des engrais en commun, et il faut bien le dire, aujourd'hui encore un certain nombre d'entre eux ne s'occupent guère d'autre chose. » N'était-ce pas en effet, le service le plus immédiat qu'ils devaient avoir en vue. Que désire le cultivateur, que recherche-t-il, sinon l'augmentation constante de sa première source de revenu, de la récolte ? Or, pour

récolter, il est une condition essentielle, celle de fournir
à la terre les éléments nutritifs indispensables à l'alimentation des semences qu'on lui confie. « M. L. Gran-
deau comparant deux années de récolte moyenne, 1886
et 1895, évalue à 12 pour cent l'augmentation apportée
dans le rendement du blé par l'emploi des fumiers com-
plémentaires.

Ainsi la concurrence redevient possible pour l'agriculture française, opprimée naguère par les importations
exotiques, et ce relèvement est un premier bienfait de
l'association » (1). Ce que les syndicats ont fait pour
les engrais, ils l'ont étendu à une foule d'autres services
du même genre. C'est ainsi qu'ils réunissent des com-
mandes pour jouir des mêmes avantages dans l'achat des
semences, pailles, fourrages ou grains pour l'alimentation
des bestiaux, de tourteaux, etc. De même, pour l'achat
d'instruments agricoles, leur intermédiaire a été très
utile, ils ont souvent obtenu pour leurs membres des ré-
ductions de prix. Les grandes fabriques accordent volon-
tiers des faveurs pour se réserver d'aussi bons débouchés
Quelques syndicats ont même accordé des allocations à
ceux qui voudraient acheter des instruments nouveaux,
dans le but d'en vulgariser l'emploi. D'autres, en nombre
considérable, achètent des reproducteurs qu'ils revendent
ensuite à leurs membres, aux enchères en général, pour
améliorer les races. Nous verrons enfin que la plupart

(1) D'après Léopold Mabilleau : Le mouvement agraire en France
Revue de Paris, du 1er juillét 1897, p. 125.

emploient une partie de leurs ressources à l'acquisition de machines agricoles pour leur propre compte, ils louent ensuite ces machines à leurs membres moyennant une faible rémunération.

La légalité de ces opérations avait été discutée, aux débuts surtout, pour les engrais. Les commerçants protestèrent et la Chambre de commerce de Paris vint à leur appui pour soutenir que les syndicats n'avaient pas le droit de se livrer à « un genre d'opérations qui confine au commerce, et pour lequel ils devraient, tout au moins, être assujettis à la patente ». M. Pierre Legrand, ministre du commerce, d'accord avec le ministre des finances, répondit, le 27 avril 1888, au président de la Chambre de commerce, que l'esprit de la loi sur les syndicats professionnels autorise les agriculteurs à « trouver dans cette forme d'association les moyens de défendre leurs intérêts par une action utile et effective », que les achats de marchandises utiles à l'agriculture, faits par les syndicats, sans aucun bénéfice, au profit de leurs membres, ne sauraient être considérés comme ayant le caractère d'actes de commerce.

« On peut dire, ajoute M. Pierre Legrand, que la loi de 1884, si elle ne conférait pas le droit de faire des opérations semblables, ne pourrait être, pour les agriculteurs, l'objet d'aucune application vraiment pratique ».

Beaucoup de syndicats ont étendu leurs achats à toutes sortes d'objets de consommation, épicerie, etc. « Au congrès d'Orléans en mai 1897; il s'est trouvé des délégués portés à admettre comme légales ces opérations d'achats que la loi de 1884 ne permet cependant pas(1),on ne peut les considérer comme présentant un intérêt professionnel ». Bien que ces opérations ne présentent pas un intérêt professionnel, il importait néanmoins que les syndicats se préoccupent de procurer à leurs adhérents les avantages économiques réalisables en ces matières. Nous verrons plus loin qu'ils y ont réussi en partie en provoquant à côté d'eux et entre leurs membres la formation de sociétés coopératives.

II. — VENTES

La situation désavantageuse des agriculteurs pour la vente de leurs produits devait attirer l'attention des syndicats sur ce point d'une très grande importance. Il serait urgent de faciliter un écoulement qui ne peut s'effectuer que par des intermédiaires fort coûteux. Supprimer ces intermédiaires, ce serait faire bénéficier le producteur de la large part qu'ils prélèvent pour leur compte.

Bon nombre de syndicats se sont préoccupés de défendre sur ce terrain les intérêts de leurs membres en servant eux-mêmes d'intermédiaires gratuits, il reste néanmoins beaucoup à faire. Plusieurs syndicats de Normandie et de Bretagne s'occupent de l'écoulement

(1) D'après l'Economiste français du 26 juin 1897 : le Congrès national des syndicats agricoles d'Orléans.

des cidres, beurres, fromages ; des dépôts ont été orga-
nisés dans les grandes villes, et un service régulier d'ex-
péditions en colis postaux vient les alimenter. Le syndicat
du Calvados s'offre en outre comme intermédiaire gratuit pour la vente des chevaux. De nombreux échanges
sont encore facilités entre les membres des divers syndicats par les offres que publient les bulletins de syndicats
et d'Unions. Dans les pays de vignobles de grands services sont rendus aux viticulteurs, pour l'expédition de rai-
sins frais, par le groupement des demandes aux syndicats
consommateurs ; les syndicats de pays producteurs grou-
pent ensuite les offres et facilitent l'expédition collective.
Des dépôts de vins ont été créés où le consommateur
aura la faculté de déguster différentes qualités pour faire
son choix (1), ses intérêts seront ainsi sauvegardés contre les fraudes auxquelles sont exposés les achats chez
des commerçants. Certains syndicats se sont proposés
d'avoir des courtiers attitrés qui rechercheraient des débouchés, négocieraient les transactions en garantissant la
provenance et la qualité du vin. Le syndicat central des
agriculteurs de France a un agent spécial au marché de
la Villette pour la vente du bétail. L'Union des syndicats
agricoles des Alpes et de Provence a un courtier attitré,
sur la place de Marseille, pour tous produits. L'Union
du Sud-Est a également, à Lyon, un courtier patenté (2).

_____

(1) Des dépôts de ce genre existent à Alais, Auch, Mirecourt,
etc. (Rapport à l'Office du travail.)
(2) La liste dressée au 1er janvier 1897 par le syndicat économique agricole donne 42 syndicats agricoles ayant organisé des
offices pour la vente des produits.

Les syndicats betteraviers se concertent pour la défense de leurs intérêts dans les prix et conditions du marché avec les fabricants de sucre.

Au congrès coopératif de 1893, l'idée avait été émise de mettre en relations directes les producteurs agricoles et les sociétés coopératives. Des tentatives ont été faites sans beaucoup de succès. C'est que, dit M. de Larnage au congrès national d'Orléans, les syndicats n'avaient pas suffisamment en mains les produits agricoles de leurs membres. Ils n'avaient surtout pas cette pratique commerciale qui sait grouper les lots uniformes de produits selon les qualités, en fixer la valeur, en organiser la livraison aux consommateurs. Ils n'offraient pas non plus aux sociétés coopératives, puisqu'ils ne possédaient pas de capital, cette garantie matérielle suffisante, qui porte à traiter de préférence avec le plus solvable des vendeurs, pour avoir, le cas échéant, un recours contre lui.

Il est enfin un autre genre d'opération qui serait de nature à ouvrir de larges débouchés. s'il pouvait se généraliser, nous voulons parler de l'approvisionnement de l'armée et des établissements publics. Au congrès d'Orléans on a constaté que plusieurs syndicats se sont rendus adjudicataires de pareilles fournitures et se sont très bien acquittés de leur charge.

Malheureusement les mêmes difficultés que nous avons rencontrées dans les relations avec les coopératives de consommation s'élèvent ici. La situation légale des syndicats et la rigueur étroite et formaliste de notre bureaucratie militaire s'opposent au développement de ces soumissions de fournitures.

Là co-existence d'une société coopérative de vente est seule de nature à faciliter ces transactions, Nous verrons plus loin que ces sociétés elles-mêmes ont eu jusqu'à présent beaucoup de mal à se créer des débouchés.

La légalité des achats pour la consommation professionnelle étant reconnue, les syndicats peuvent, tout en restant dans les limites légales de leur champ d'action, se servir naturellement de débouchés pour certains produits. Leurs besoins et leurs ressources étant variés, chaque syndicat étant à la fois producteur et consommateur peut demander ce qui manque à la consommation professionnelle de ses membres à un autre syndicat producteur qui lui-même aura à demander d'autres éléments qu'il ne produit pas.

III. — SERVICES TECHNIQUES

L'instruction professionnelle, qui jouera un si grand rôle dans la production, doit attirer l'attention des syndicats agricoles. C'est par elle que les agriculteurs pourront mettre en pratique des procédés nouveaux augmentant le rendement, abandonner la culture de certaines variétés peu rémunératrices pour s'adonner à d'autres beaucoup plus productives, se livrer à l'élevage de races reconnues plus robustes à la fatigue, plus propres à être engraissées

6

pour la boucherie. C'est enfin par cette éducation lente, qui demande à se compléter tous les jours, que se réaliseront tous les progrès dont la divulgation est si difficile dans les campagnes où l'initiative individuelle a besoin d'être stimulée contre l'esprit de routine. Les instruments perfectionnés se substituent lentement aux vieux procédés de culture.

C'est aux syndicats agricoles qu'il appartient de faire cette éducation quotidienne du cultivateur, de le tenir au courant des progrès accomplis, des découvertes faites et lui procurer ainsi les moyens d'augmenter sa production et par suite ses revenus. La production nationale tout entière s'en ressentira à son tour.

Les syndicats s'acquittent de ce devoir envers leurs membres en leur offrant le moyen de s'instruire par des conférences que donnent des professeurs d'agriculture. Ils ont également fondé des bibliothèques, reçoivent des journaux et revues agricoles, publient des bulletins.

On comptait au 1er juillet 1895, 107 publications diverses faites par les syndicats et unions, 49 bibliothèques et 79 cours ou conférences publiques organisées par eux (1).

Des champs d'expérience et de démonstration viennent pratiquement compléter cette instruction théorique et convaincre les méfiants en leur montrant les résultats obtenus. On y fera fonctionner les instruments nouveaux

(1) Paul Beauregard. Le monde économique du 22 mai 1897.

pour que chacun puisse se rendre compte des précautions et mesures à prendre pour en user. Ces essais publics sont d'une très grande utilité. La statistique nous indique au 1er juillet 1895, 80 jardins, vignes, champs d'expériences assurant ces services, tandis que 40 pépinières fournissent aux syndiqués des plants de premier choix.

Enfin bon nombre de syndicats, pour suppléer à l'insuffisance d'instruction professionnelle de leurs membres, ont ouvert un service de renseignements à la disposition de ceux qui voudraient avoir recours à leur expérience et à leur savoir. Si l'on songe à l'ignorance des populations rurales et aux difficultés d'user savamment des engrais on comprendra facilement de quelle importance devait être ce précieux service de consultations gratuites. La composition et le dosage des engrais devant varier avec la nature du sol et le genre de culture quelques grands syndicats ont organisé des laboratoires de chimie dans lesquels on procède à l'analyse des terrains. Ces laboratoires serviront en outre à contrôler la composition et la teneur des engrais fournis par le commerce. Le syndicat agricole de Meaux a donné à tous ces points de vue un exemple bienfaisant que beaucoup d'autres ont suivi. Au 1er juillet 1895 on compte 11 laboratoires d'analyses ou expertises.

Dans les contrées viticoles, les syndicats se sont occupés de tous les procédés spéciaux qui peuvent intéresser les viticulteurs. Ils ont fait des pépinières de plants amé-

ricains pour les aider à reconstituer les vignobles détruits
par le phylloxéra, se sont livrés à des expériences sur la
force de résistance de chaque variété, sur les soins spéciaux à leur donner pour combattre les nombreuses maladies auxquels ils sont sujets. Ils ont ouvert des écoles
de greffage et c'est enfin sous leur patronage qu'a été étu-
dié l'emploi des nuages artificiels contre les gelées du
printemps dont ils ont ensuite développé l'usage.

Beaucoup de syndicats se sont encore efforcés de mettre à la disposition de leurs membres des instruments
agricoles dont l'achat et l'entretien seraient souvent hors
de proportion avec l'importance de l'exploitation. Une
légère indemnité de location sera imposée dans le seul
but de couvrir les frais d'entretien et d'amortissement
du capital qui a été consacré à leur achat. Les services
ainsi rendus sont incalculables. La petite et la moyenne
propriété qui se seraient trouvées bien souvent privées
des avantages du nouveau matériel agricole pourront ainsi
en bénéficier à peu de frais. Nous reviendrons sur ces
intéressants procédés en nous occupant de la coopération
en agriculture.

Les concours agricoles bien antérieurs à nos syndicats
se sont perpétués avec une impulsion nouvelle. Ils sti-
mulent l'amour-propre et l'initiative, contribuent puissamment à la divulgation de tous les progrès réalisés par
la pratique. Les récompenses, quelques minimes fussent-
elles, constituent un encouragement pour les agriculteurs modèles généralement très fiers d'avoir été primés.

Le syndicat agricole de l'arrondissement de Chartres a même organisé un concours entre les instituteurs pour l'enseignement primaire de l'agriculture. C'est là une heureuse idée qui mérite d'être encouragée ; les syndicats devraient tous, dans la limite de leur pouvoir, s'efforcer de stimuler l'initiative des instituteurs dans cette voie en offrant aux écoles communales des livres, des prix, des collections (1).

Les syndicats de Bretagne et d'Anjou ont réussi à introduire dans les écoles primaires et en dehors des programmes officiels des cours d'enseignement agricole théorique et pratique suivis d'examens spéciaux. Des certificats d'instruction agricole (élémentaire et supérieure) sont délivrés après examen. « Depuis l'origine de ces examens inaugurés par les associations agricoles d'Ille-et-Vilaine 7.493 candidats se sont présentés, 5,012 certificats élémentaires ont été obtenus et 182 diplômes du degré supérieur » (2).

Ces résultats ont été obtenus dans les écoles d'enseignement libre ; cette instruction, cette éducation professionnelle seraient un très grand bienfait dans les écoles publiques officielles. L'instruction actuelle, a-t-on fait remarquer bien souvent, tend à éloigner l'enfant de la terre plutôt qu'à l'y attacher, elle lui fait entrevoir des

(1) Un concours d'un genre tout nouveau a été ouvert par M. le comte de Chambrun entre les syndicats agricoles. Au 31 octobre dernier, 25,000 fr. de prix ont été distribués à ceux d'entr'eux qui ont présenté les institutions les plus utilitaires et les plus humanitaires à la fois.

(2) Rapport de M. de Lorgeril au Congrès national d'Orléans,

situations sociales plus agréables au premier aspect. Il
faut au contraire que des principes tout différents viennent se fixer dans son esprit, il faut que l'amour de la
terre et de sa culture se développe à mesure que son intelligence dirigée vers une orientation nouvelle lui mon-
trera le moyen d'utiliser ses connaissances et facultés
ailleurs que dans de « petits emplois » aux chemins de
fer, postes, etc.. l'agriculture relevée à ses yeux en un
mot·

Nous croyons utile de citer le vœu que ces considérations ont amené le congrès d'Orléans à émettre. Ce vœu
nous donnera une idée de la façon dont les représentants
des syndicats envisagent leur rôle social sur ce point particulier. Il est ainsi conçu :

Le 3e congrès des syndicats agricoles, considérant...
etc..

Emet le vœu :

1· Que le programme officiel des notions élémentaires d'agriculture dans les écoles rurales soit appliqué
dans un sens pratique et expérimental en faisant un
constant appel à l'observation et non à la mémoire des
enfants.

2· Qu'en dehors de cet enseignement les exercices de
lecture, d'orthographe, d'arithmétique et de rédaction
concourent à instruire l'enfant au point de vue agricole
et à développer dans son esprit des idées en rapport avec
la profession de ses parents, qui sera celle de la majorité
des élèves ;

3· Que les syndicats départementaux délèguent aux écoles qui en feront la demande, dans chaque commune, le chef de l'exploitation la mieux tenue de la dite commune, à titre de professeur pratique d'agriculture ;

4· Que le certificat d'études primaires s'applique désormais aux matières agricoles, aussi bien qu'à toutes les autres.

5· Que les syndicats et autres sociétés agricoles et horticoles décernent des récompenses aux élèves et aux maîtres qui se sont distingués par les résultats obtenus ; etc., etc.

Remarquons surtout cette disposition finale qui termine le vœu : « Qu'en attendant l'exécution, dans les écoles officielles, des mesures proposées, elles soient appliquées dès maintenant dans toutes les écoles libres, sur l'initiative des syndicats et autres associations agricoles et horticoles » (1).

Les représentants des syndicats agricoles reprochent aux décrets promulgués en 1889, 1891 et 1897, en vue d'introduire dans les écoles l'enseignement de l'agriculure, d'être d'une portée insuffisante (troisième considérant du vœu). Nous avons mentionné les tentatives heureuses déjà opérées par les syndicats dans le but de rendre plus pratique cet enseignement. Il est à souhaiter que le ministère de l'instruction publique prenne des dispositions pour répondre à ce vœu, qu'il ne laisse pas

_____

(1) Compte rendu du Congrès National d'Orléans (mai 1897) p. 294 et suiv.

accaparer par des institutions libres, au détriment des écoles officielles, un enseignement agricole pratique sur lequel il s'est déjà laissé devancer. M. Méline interpellé par M. le docteur Albert le Play, sénateur de la Haute-Vienne, le 4 juin 1897, a fait des promesses formelles.

IV. — PLACEMENT

Les syndicats « pourront librement créer et administrer des offices de renseignements pour les offres et les demandes de travail » nous dit l'article 6 de la loi de 1884. Cette faculté est d'une très grande utilité pour les patrons et les ouvriers agricoles. Les transactions seront facilitées entr'eux par les bureaux établis au siège du syndicat. Celui-ci sera mieux informé, par l'intermédiaire de ses syndiqués, que ne pourraient l'être les bureaux de placement ordinaires, il sera à même de faire connaître les qualités et défauts des salariés qu'il offre. Ce placement par les syndicats sera d'ailleurs facilité et prévenu même quelquefois par les relations qu'ils font naître entre syndiqués.

Cette institution sera d'autant plus utile en agriculture où on se plaint de plus en plus de la difficulté qu'il y a à trouver des bras. Tout syndicat doit la mettre gratuitement à la disposition de ses membres ; il sera d'autant plus apte à rendre d'importants services que sa circonscription sera plus étendue et que, par conséquent, les re-

lations des divers intéressés seront moins fréquentes. Si
la statistique du premier juillet 1895 ne nous signale que
11 bureaux de placement, ce chiffre est sûrement dépassé
aujourd'hui. Certains syndicats ont des régistres ouverts,
d'autres publient dans leur bulletin les offres et demandes.

M. le comte de Rocquigny dans son rapport au Congrès
d'Orléans émet une idée dont la réalisation serait peut-
être susceptible de donner de bons résultats : « Une enquête sur les besoins et les conditions du travail agricole
pourrait être utilement faite par les syndicats, et surtout
par les unions, en vue de rétablir d'une région à une
autre de la France, l'équilibre qui fait trop souvent défaut entre les besoins de l'entreprise agricole à un moment donné et les ressources de la main d'œuvre locale.
Ne trouverait-on pas là le moyen de limiter la concurrence que les ouvriers étrangers font à nos nationaux ».

Cet équilibre ne pourrait évidemment pas être établi
d'une extrémité à l'autre de la France, mais serait réali-
sable d'un département à un autre, quelquefois même
dans différents arrondissements d'un même département.
Les syndicats agricoles ont le devoir social de se préoc-
cuper de leurs ouvriers pour remédier dans la mesure du
possible aux difficultés qu'ils rencontrent et améliorer
leur situation.

V. — ASSISTANCE ET PRÉVOYANCE

Les questions d'assistance et de prévoyance devront être l'objet de la préoccupation constante des syndicats agricoles. Il ne suffit pas de faire l'éducation de l'ouvrier, de lui procurer du travail, c'est surtout quand il sera réduit à l'impuissance de gagner sa vie par la maladie, les infirmités ou l'âge, qu'il faudra s'occuper de lui. La charité privée, qui rend de si généreux services dans les villes, est au contraire très mal organisée dans les campagnes. Il appartient donc aux syndicats de venir en aide aux ouvriers agricoles malheureux et de prendre l'initiative de créer les institutions qui leur manquent. Ils remplacent les anciennes *confrairies* ou *frairies*, autrefois nombreuses dans les campagnes, vastes sociétés de secours mutuels sans cotisations régulières, mais dont les membres s'assistaient soigneusement. Elles comprenaient des personnes de tous états et de toutes qualités, l'on y pratiquait autant l'assistance personnelle : visite des malades, culture des terres de celui qui était empêché, que l'assistance matérielle. dons et secours ordinairement en nature (1).

L'article 6 de la loi de 1884 laisse aux syndicats la liberté de « constituer entre leurs membres, sans auto-

(1) Rapport de M. Hubert-Valleroux, président de la Société d'Economie sociale, au Congrès d'Orléans.

risation, mais en se conformant aux autres dispositions de la loi, des caisses spéciales de secours mutuels et de retraites » .

On peut dire que les syndicats agricoles ont généralement usé de cette faculté ; presque tous ont inscrit dans leurs statuts une mention spéciale pour la création de ces caisses, ils se heurtent malheureusement à une difficulté essentielle, l'argent nécessaire leur fait bien souvent défaut. La statistique du premier juillet 1895 ne nous cite que 27 sociétés ou caisses de secours mutuels. Ce chiffre s'est élevé depuis lors et M. le comte de Rocquigny l'évalue à 50 environ (1).

Les caisses sont alimentées par les cotisations des sociétaires et par un versement opéré par le syndicat. L'administration en est confiée à un comité distinct.

La plupart des syndicats accordent sur leur propre caisse des secours en cas de maladie, d'accident, de chomage involontaire, de sinistres, etc. Ces secours consistent tantôt en argent, tantôt en nature, en remèdes, visites de médecin et autres. Le syndicat agricole de Belleville-sur-Saône a institué en 1888 une caisse de secours mutuels basée sur une plus large application. Un associé se trouve-t-il par maladie ou accident, dans l'impossibilité de faire les travaux nécessaires, la caisse fera exécuter ces travaux.

« L'aide mutuelle, nous dit le règlement, n'est ni une

(1) Rapport à l'office du travail 1896.

aumône, ni un droit, mais un secours temporaire et facultatif donné à un associé dans le besoin par ses coassociés ». En 1894 le syndicat a organisé l'assistance des vieillards et orphelins auxquels il a affecté une somme annuelle de 1.500 fr.

Ce mode d'assistance par le travail tend à se généraliser ; bon nombre de syndicats, en particulier dans les pays de vignobles, l'ont organisé. Le syndicat des vignerons de Chateaurenault l'a institué sous une forme originale qui consacre les principes de la mutualité parfaite. Nous allons en juger par ses statuts. L'article 1 est ainsi conçu :

« La société a pour but de venir en aide aux vignerons travaillant pour eux-mêmes ou pour des propriétaires, en cas de maladie ou d'accidents qui les empecheraient de faire les travaux de leurs vignes ou de celles qu'ils auraient entreprises à travailler.

« Les travaux seront faits gratuitement et au bénéfice des membres pour lesquels ils seront exécutés, qui en toucheront les salaires comme s'ils les avaient faits eux-mêmes.

Remarquons que ces travaux seront en outre exécutés par corvées des sociétaires désignés à cet effet, sous peine d'amende. Les statuts imposent à tous sociétaires d'assister aux obsèques de leur cosociétaire mort, ils prévoient même les travaux qui pourront être nécessaires après la mort dans leur article 3.

« En cas de mort d'un sociétaire participant, la société devra faire le travail de ses vignes, savoir : Si le décès est antérieur au 1er octobre, pendant l'année courante seulement ; si le décès est postérieur au 1er octobre, pendant l'année suivante. Les salaires sont au bénéfice de la veuve et des enfants du décédé. S'il ne laisse ni veuve, ni enfant, la société encaissera le prix du travail exécuté par ses soins. »

A Castelnaudary, le syndicat a fondé une société de secours mutuels spécialement affectée aux pensions de retraites pour les ouvriers agricoles qu'il espére ainsi retenir à la campagne (1). Il verse à la Caisse des dépôts et consignations les cotisations annuelles augmentées d'une cotisation égale versée par le syndicat et auxquelles s'ajoutent les subventions officielles accordées par la loi des finances, grâce à la précaution qu'à pris le syndicat de donner à la société la forme d'une société approuvée. Les résultats obtenus assurent aux ouvriers agricoles une petite retraite suffisante (263 fr. 85 pour ceux qui entrant dans la société à 25 ans versent 5 fr. par an jusqu'à 65 ans et 300 fr. à 70 ans). Une infirmité ou un accident peuvent faire admettre à liquider avant l'âge.

Certains syndicats offrent un autre genre d'assistance aux vieillards et orphelins. Ceux-ci sont alors placés chez des cultivateurs qui veulent bien s'en charger moyennant une pension que leur paie la caisse agricole. Ce mode d'assistance paraît préférable aux dispensaires et hôpi-

(1) Léopold Mabilleau. Revue de Paris du 1er Juillet 1897, page 140.

taux fort coûteux. Une surveillance sera exercée par les syndicats sur les soins prodigués à leurs assistés.

Les syndicats ont eu recours pour prodiguer l'assistance à une multitude de procédés les plus variés dont nous devons renoncer à faire l'énumération.

On trouve dans quelques syndicats (du département de la Meuse, de Delle, de la Manche, de la Cote-d'Or, du Gers, etc.) des caisses de secours mutuels contre la grêle alimentées par des cotisations. Le syndicat de la Marne a fondé une institution de ce genre en 1887, il a perçu plus de 62,000 fr. de cotisations avec lesquelles il a éteint 80 p. 100 des pertes (1).

De nombreuses caisses de secours mutuels contre la mortalité des bestiaux ont également été créées. Nous étudierons ces institutions particulières à propos des assurances mutuelles avec lesquelles elles ont beaucoup d'affinités.

Rappelons en terminant cette intéressante matière la disposition qu'elle a suggérée au législateur de 1884 dans le second paragraphe de l'art. 7 :

« Toute personne qui se retire d'un syndicat, conserve le droit d'être membre des sociétés de secours mutuels et de pensions de retraites, à l'actif desquelles elle a contribué par des cotisations ou versements de fonds. »

---

(1) Comte de Rocquigny : Les syndicats agricoles et le socialisme agraire, page 270.

VI. — ARBITRAGE

La conciliation et l'arbitrage dans tous les différends qui peuvent survenir, amenant avec eux la désunion et la haine, rentrent encore dans le rôle social des syndicats. On peut dire que c'est un signe de sage organisation et de bonne entente entre les syndiqués, que de trouver une commission arbitrale fonctionnant régulièrement. Que de frais évités, qui s'élèveraient quelquefois à des sommes très rondes eu égard à l'objet du litige de minime importance, sans compter qu'une discussion bien raisonnée en dehors de toute l'aigreur que font naître les procès en justice ne laisse jamais subsister d'aussi vifs ressentiments ni rancunes;

Les syndicats agricoles ont généralement compris qu'une pareille institution s'imposait à eux pour le maintien d'une bonne harmonie et d'une parfaite solidarité entre leurs membres. Un grand nombre ont inscrit dans leurs statuts ce role d'apaisement social et s'efforcent en pratique de trancher les différends survenus entre associés à l'occasion d'intérêts professionnels. Tantôt c'est une commission spéciale d'arbitrage, tantôt c'est le comité lui-même du syndicat qui s'acquitte de cette fonction. La conciliation et l'arbitrage sont généralement imposés sous peine d'exclusion (facultative ou de plein droit) de tout syndiqué qui refuse de s'y soumettre ou d'exécuter volontairement.

Dans les syndicats d'Allex, Crest (Drôme), Martel (Lot), Florac, l'arbitrage n'est qu'un préliminaire obligatoire qui laisse aux parties en cause, la liberté d'aller ensuite devant les tribunaux. Le comité du syndicat de la basse Drônne (Dordogne) rend, après avoir tenté la réconciliation, une sentence qui est sans appel et n'est pas soumise à l'exéquatur du tribunal (1). La chambre syndicale du syndicat de Neubourg juge également sans appel de même que celle du syndicat de Verneuil dont le président joue lui-même le rôle de conciliateur.

Chacun des syndicats de l'union beaujolaise possède un tribunal arbitral formé de 5 membres dont deux doivent être anciens magistrats, avocats ou avoués, et les trois autres cultivateurs ou propriétaires. Ce tribunal, sur la demande des intéressés, donne des avis ou rend des jugements définitifs, le tout gratuitement.

« A l'assemblée générale du syndicat de Belleville-sur-Saône, le 25 octobre 1896, le président du tribunal arbitral déclarait avoir donné depuis le commencement de l'année, 171 consultations juridiques au sujet de contestations entre propriétaires et vignerons ou fermiers, et constatait que son avis personnel était généralement tenu pour suffisant par les parties. » (2).

Le comité de trois jurisconsultes institué par le syndi-

(1) Comte de Rocquigny : Les syndicats agricoles et le socialisme agraire, p. 328.
(2) Rapport de M. le comte de Rocquigny au Congrès d'Orléans

cat agricole libre du département de la Marne pour donner des consultations gratuites aurait examiné, en 1888,
plus de 600 affaires. C'est encore un service d'une très
grande importance que rendent les syndicats en donnant
gratuitement des consultations sur les matières les plus
diverses, aidant ainsi leurs membres à la défense de leurs
intérêts et leur évitant les dépenses exagérées dans lesquelles pourraient les pousser des agents d'affaires
malheureusement trop souvent portés à embrouiller les
procès.

Le vœu qu'a émis le congrès national d'Orléans précise
les précautions que doivent prendre les syndicats pour
éviter toute difficulté sur le fonctionnement de l'arbitrage;
il est ainsi formulé :

« Le congrès national des syndicats agricoles émet le
vœu :

1· Qu'il soit créé, autant que possible, dans chaque
syndicat agricole, un tribunal arbitral, dont les membres
seront désignés par le conseil d'administration, et qui
aura pour mission de concilier ou de juger, sans appel,
les contestations ayant un caractère professionnel qui leur
seront soumises par les adhérents.

2· Qu'à cet effet, dans chaque affaire, les parties si-
gnent un compromis acceptant la juridiction du tribunal
arbitral, à titre d'amiables compositeurs, déterminant
l'objet du litige, fixant les délais de comparution, de
production des pièces et de prononcé du jugement, auto-
risant l'audition de témoins, s'il y a lieu, et renonçant

expressement aux délais et formalités de procédure ainsi qu'à l'appel de la décision à intervenir ;

3· Que les frais pouvant résulter de ce service judiciaire dont tous les emplois seront gratuits, soient supportés par la caisse du syndicat ;

4‘ Qu'au cas de refus, de la part d'un syndicataire ayant accepté la juridiction du tribunal, de se conformer volontairement à la sentence rendue, l'exclusion de ce membre du syndicat soit de droit ».

Nous partageons absolument la manière de voir des représentants qui ont voté ce vœu. Les syndiqués sont libres de soumettre leurs différends au tribunal arbitral, mais ils doivent aussi exécuter la sentence qu'ils ont acceptée par avance. L'arbitrage imposé d'une façon obligatoire par certains syndicats a l'inconvénient d'obliger à les déserter ceux qui espéraient trouver une plus grande garantie d'impartialité dans les tribunaux ordinaires.

La commission arbitrale étant sujette à se modifier, peut suivant sa composition inspirer plus ou moins de confiance et faire craindre quelquefois que l'esprit de coterie ne s'en mêle.

Les tribunaux et juges de paix pourront eux-mêmes tirer grand profit des connaissances techniques des syndicats, s'éclairer d'une façon moins suspecte de partialité sur les questions professionnelles qui leur seront soumises, en particulier sur les usages locaux. Le législateur de 1884 a expressément formulé cette faculté dans l'article 6 in fine :

« Ils pourront être consultés sur tous les différents et toutes les questions se rattachant à leur spécialité.

« Dans les affaires contentieuses, les avis du syndicat seront tenus à la disposition des parties qui pourront en prendre communication et copie ».

VII. — ASSURANCES

Un autre rôle important des syndicats agricoles est celui qui concerne les assurances. L'esprit de solidarité qui doit présider à toute association leur imposait de s'occuper de cette institution, en lui appliquant les principes de la mutualité, comme complément à l'assistance et à la prévoyance.

La défense des intérêts économiques et agricoles de leurs sociétaires leur faisait un devoir de les soustraire aux exigences des sociétés d'assurances, de faciliter les assurances en en réduisant le montant. Par leur intermédiaire puissant et gratuit, les syndicats ont pu obtenir des conditions beaucoup plus avantageuses. Ils se sont acquittés de ce rôle essentiel qui consiste à augmenter les revenus de la production, en diminuant les charges qu'elle nécessite.

Enfin, s'acquittant de leur mission sociale, ils ont contribué à développer dans la classe agricole l'esprit de prévoyance qui doit pousser tout agriculteur à se prémunir contre les risques continuels auxquels il est exposé.

Les incendies, les accidents du travail, la grêle, la mor
talité des bestiaux, sont autant de menaces de ruine
auxquelles l'assurance apportera tout au moins un
palliatif. Diminuer autant que possible la prime d'assurance, tel était le plus efficace encouragement qu'on
put apporter.

Les syndicats ont usé de divers moyens pour en arriver
au minimum indispensable. Ils sont tout d'abord inter-
venus, avons-nous dit, auprès des sociétés d'assurances
pour obtenir d'elles des faveurs importantes. » Le syndicat du Loiret, nous dit M. le comte de Rocquigny aux
renseignements très complets duquel nous devons
emprunter beaucoup de détails, a traité pour l'assurance
des récoltes de ses membres avec une compagnie d'assurance à primes fixes contre la grêle « La Confiance » qui
lui a offert, avec toutes les garanties désirables, un tarif
acceptable et d'équitables conditions pour le règlement
des sinistres. Une bonification de 10 pour cent sur le
montant de la prime annuelle est faite à tous les membres
du Syndicat ». Cette réduction assez importante que le
syndicat du Loiret a obtenu pour la grêle, d'autres l'ont
obtenue pour d'autres branches des assurances. Nous
verrons plus loin quelles conditions favorables ont été
accordées aux membres de l'Union du Sud-Est par la
compagnie d'assurance contre les accidents du travail
« La Providence ».

Les syndicats n'ont pas cru devoir encourager leurs
membres à former entre eux des sociétés d'assurance mu-

tuelle contre la grêle ; les risques sont beaucoup trop fréquents et considérables, sans compter en outre que les expertises en cas de sinistre sont ici très compliquées et sujettes à discussion. L'exemple des diverses sociétés qui ont trouvé la ruine dans ces sortes d'assurances ne devait pas les encourager, Quelques-uns se sont bornés à fonder des caisses de secours mutuels alimentées par des cotisations. Nous reviendrons sur ces institutions dont nous avons déjà parlé. Nous allons voir ce qui a été tenté pour l'assurance contre la mortalité du bétail.

La mortalité du bétail a le double inconvénient d'être une perte sèche pour le cultivateur, et de le priver, s'il n'a un peu d'aisance, d'un instrument de travail au remplacement duquel il lui sera difficile de pourvoir, faute de crédit.

L'assurance permettra à ce cultivateur de se réserver, moyennant une faible prime annuelle, la certitude d'avoir toujours de quoi remplacer cet instrument. «A mon sens, a dit M. Riboud au congrès d'Orléans (1), ce que nous devons chercher avant tout, c'est de venir en aide au petit cultivateur. C'est le possesseur de quelques bêtes, c'est le modeste propriétaire de deux ou trois vaches qui a le plus d'intérêt à être garanti contre des risques d'autant plus redoutables pour lui qu'il a une étable moins bien garnie. C'est vous dire que la prévoyance relative aux bestiaux est à recommander surtout dans les pays de petite cul-

(1) Rapport sur l'assurance contre la mortalité du bétail par M. Riboud, vice-président de l'Union du Sud-Est.

ture, en particulier dans les pays pauvres ». Il faudra donc que le montant de la prime d'assurance soit aussi réduit que possible. Ici les syndicats ont pensé que le vrai moyen d'obtenir le meilleur résultat était de supprimer tous les intermédiaires parasites, et de propager parmi leurs membres des sociétés d'assurance mutuelle.

Supression du capital à rémunérer, suppression des nombreux représentants et agents que nécessite une société par la gratuité des services que se rendront mutuellement les sociétaires, n'y a-t-il pas là une économie sérieuse à réaliser qui permettra de diminuer d'autant les primes indispensables que devront payer les assurés pour l'indemnisation des sinistrés, de réaliser en un mot l'assurance à prix coûtant.

Le principe devait rapidement rencontrer des adeptes et se propager dans nos campagnes. L'éducation sociale de nos agriculteurs est en voie de progrès rapide. Ils abandonnent peu à peu leurs vieilles routines casanières pour se laisser aller à un courant d'idées plus larges, plus conformes à leur besoin d'association.

L'esprit de solidarité, après avoir été très développé dans les anciennes confréries (1), avait été détruit avec le droit d'association par une trop étroite application du principe de liberté individuelle. Les syndicats ont,

---

(1) M. Riboud, dans son rapport au Congrès d'Orléans, nous donne d'intéressants détails sur la confrérie de St-Isidore à laquelle il fait remonter les origines de « l'Assurance mutuelle contre les chances de la mortalité » de Préty en Saône-et-Loire. Compte rendu du Congrès, p. 104.

par une heureuse influence, fait renaître cet esprit d'entente cordiale, sans que pour cela l'initiative et la liberté individuelles en aient souffert. L'association libre qu'ils représentent ne comporte aucune contradiction avec cette liberté à laquelle elle vient s'ajouter comme un élément indispensable de force et d'action vitale.

On compte en France de très nombreuses sociétés d'assurances mutuelles contre la mortalité des bestiaux constituées conformément à la loi du 24 juillet 1867 et au décret du 22 janvier 1868. Les syndicats de Saint-Amant-de-Boixe (Charente), de Nancy, Langres, Saint-Gervais, Vizille, Bourg, Belley, etc., etc., ont créé à leur côté des sociétés de ce genre. « L'assurance du bétail surtout sous la forme d'association opérant dans un rayon peu étendu, s'est propagé rapidement dans plusieurs de nos départements. La Vendée compte actuellement 55 de ces associations, généralement prospères et donnant une sécurité très grande au taux le plus économique ; on en trouve 33 dans le département de Seine-et-Marne, 24 dans Seine-et-Oise, un assez grand nombre dans les Basses-Pyrénées, les Landes, le Calvados, le Loiret, etc. (1).

Le remboursement n'atteint généralement que 75 ou 80 p. 100 du prix d'estimation. « L'indemnité totale favoriserait la fraude ou tout au moins la négligence, elle détruirait la moralité de l'assurance ». Les races che-

(1) Rapport à l'Office du travail de M. le comte de Rocquigny.

valines et bovines sont à peu près les seules admises à l'assurance. Les races ovines et porcines étant soumises à des risques trop grands et trop aléatoires par suite des épidémies nombreuses auxquelles elles sont sujettes, la société mutuelle, généralement assez restreinte dans son étendue, ne peut accepter l'éventualité d'une maladie contagieuse qui frapperait la plupart de ses membres ; mieux vaut que ceux-ci restent leurs propres assureurs et cherchent par une hygiène sévère à éviter ces catastrophes. L'entretien des animaux, les soins habituels qu'on leur apporte contribuent pour beaucoup à éloigner d'eux les maladies épidémiques.

Ce sont aussi ces principes qui servent de base aux caisses mutuelles organisées par les syndicats. Les agriculteurs membres du syndicat qui veulent y adhérer s'inscrivent pour une somme déterminée sur la liste de souscription. La répartition des secours est faite à la fin de l'année entre ceux qui ont subi des pertes au prorata de leurs versements respectifs. Dans l'application de ce principe on trouve des nuances nombreuses. M. le comte de Rocquigny qui avait présenté un rapport sur ces assurances au congrès national de Lyon en 1894 les classe sous deux types différents.

Le premier est caractérisé par une cotisation préalable facultative quant au montant à verser par chaque sociéfaire jusqu'à un minimum déterminé. La répartition des cotisations entre ceux qui ont éprouvé des pertes est faite chaque année, proportionnellement au montant de la cotisation versée et au nombre d'animaux possédés dans la commune par le sociétaire au moment du sinistre, jusqu'à concurrence de 80 p. 100 de la perte.

Le syndicat agricole de la Marne a obtenu des résultats très satisfaisants pour la mortalité des races chevalines et bovines. Bon nombre d'autres syndicats ont appliqué ce même type, mais ont rendu fixe la cotisation dans la Somme, etc.

Au congrès d'Orléans, M. Brière, directeur du syndicat des agriculteurs de la Sarthe, a donné d'intéressants détails sur les créations opérées par lui dans son département. Il a créé des associations de secours mutuels par commune (il les considère comme régies par l'art. 6, parag. 4, de la loi de 1884). Les membres du syndicat, qui peuvent seuls en faire partie, versent une cotisation de 1 p. 100 sur la valeur assurée, moyennant laquelle il leur est remboursé 70 p. 100 des pertes. Si cette cotisation n'était pas suffisante pour couvrir les pertes que viendrait à subir la société, ces pertes seraient couvertes par la société des réassurances. « J'ai en ce moment, a-t-il dit, onze sociétés qui fonctionnent et qui représentent depuis le 1er mai dernier (1897) 3 millions de bestiaux d'assurés. Je suis persuadé que nous ne dépasserons pas la cotisation de 1 p. 100. D'après les cinq règlements que je me suis procurés, il n'y a qu'une société qui ait dépassé la cotisation de 1 p. 100, trois ou quatre n'ont pas un sou de pertes. » (1).

(1) Compte-rendu du congrès, p. 118-119.

Le second type diffère en ce que la cotisation n'est pas fixée préalablement. Le montant dû par chaque sociétaire est fixé à chaque semestre d'après les pertes enregistrées, proportionnellement à la valeur des bestiaux assurés et estimés au commencement du semestre. L'indemnité ne comporte que les quatre cinquièmes de la valeur perdue, déduction faite du prix qu'on aura pu retirer de la viande ou de la peau. Trois sociétaires les plus proches voisins estimeront l'animal au début de la maladie d'après le cours du jour, cette estimation servira de base aux quatre cinquièmes d'indemnité à accorder. On a enfin prévu le cas où des maladies contagieuses viendraient exercer de trop grands ravages et on a limité la responsabilité des sociétaires à 6 p. 100 de la valeur de leurs étables. Telle est la base de la société organisée par le syndicat de la Mothe-Achard (Vendée). D'après M. Riboud la plupart des sociétés de la Vendée limitent au maximum de 2 p. 100 la responsabilité des sociétaires. D'après la statistique des dernières années, ajoute-t-il, ces associations ont pu, moyennant une prime de 0,80 p. 100 du capital assuré, payer les 4 cinquièmes de la valeur des animaux. »

Il fait ensuite remarquer avec raison l'utilité qu'il y aurait à régler au plus tôt les indemnités pour permettre aux petits cultivateurs de se procurer les animaux nécessaires à leurs travaux. Il préconise en ce sens le paiement d'avance d'une certaine cotisation, quitte à demander plus tard le surplus. En outre pour assurer le paie-

ment intégral en cas d'épizootie il estime qu'en principe
il serait bon d'organiser la réassurance par les unions départementales ou régionales (1).

Il existe d'ailleurs des types de ces unions de caisses,
dont l'usage ne demande qu'à être généralisé. Ce n'est
que l'application plus large dans son étendue du principe
d'étroite solidarité dans le malheur qui préside au fonctionnement des petites sociétés.

Signalons enfin l'existence dans les Landes d'un type
spécial sous le nom de « Cotises et Consorces ». Ces sociétés ne s'occupent généralement chacune que d'une
seule catégorie d'animaux. Il en existe quelquefois plusieurs dans la même commune. Elles sont constituées au
moyen d'actes sous seing privé ou devant notaire. « La
consorce ou cotise, qui fleurit surtout dans la grande
Lande, est l'expression même de la mutualité. On répar-
tit la perte d'un animal entre tous les membres, y compris le perdant, et le partage se fait au marc le franc,
tantôt d'après la valeur totale des animaux assurés, tantôt
mais plus rarement, d'après leur nombre. Les sinistres
sont indemnisés intégralement sans aucune retenue sur
le prix d'estimation de l'animal. » (1).

Une autre branche des assurances était appelée à se
développer en agriculture. Les nouveaux procédés de
culture, les instruments plus dangereux qui ont été in-
ventés ont considérablement augmenté les risques d'acci-

(1) Rapport au congrès d'Orléans de M. Riboud sur l'assurance
contre la mortalité du bétail.

dents. Une lourde responsabilité pesant de ce fait sur les propriétaires, grands, moyens et petits avaient intérêt à s'en couvrir par l'assurance. Les syndicats n'ont rien négligé ici encore pour développer cette nouvelle forme de la prévoyance. Bon nombre ont traité avec des compagnies qui leur ont fait des remises et faveurs importantes. Le syndicat du Loir-et-Cher a traité avec « la Préservatrice ». Le syndicat agricole vauclusien et l'union des syndicats agricoles des Alpes et de Provence avec la compagnie « le Secours ». Le conseil d'administration de l'union du Sud-Est a traité avec la compagnie « la Providence ». Il a obtenu pour les propriétaires cultivant par eux-mêmes ou par autrui, membres des 105 syndicats qui sont affiliés à l'union, des conditions fort avantageuses (1). Moyennant une prime de 0 fr. 30 par hectare de terre cultivée ou cultivable (les bois non exploités pour la vente, les prairies et landes ne paient pas), tout propriétaire qui n'exploite pas lui-même est garanti contre toute responsabilité civile résultant d'accidents survenus à l'occasion de son exploitation dans le simple travail ou causés par son matériel ou ses animaux sur sa propriété, sur les routes, marchés ou champs de foire. Cette prime ne garantit toutefois que dans le cas de mort ou d'infirmités.

Une augmentation de 0 fr. 10 par hectare donne droit à une allocation journalière en cas d'incapacité tempo-

(1) Bulletin de l'Union du Sud-Est du 15 novembre 1895.

raire à partir du dixième jour. Une augmentation nouvelle de 0 fr. 10, soit alors 0 fr. 50 par hectare, donne droit à une allocation dès le lendemain d'un accident entraînant une incapacité temporaire. La compagnie a consenti pour les propriétaires cultivant par eux-mêmes une augmentation d'indemnité qui va jusqu'au double en cas de mort ou infirmités graves.

Enfin une disposition très favorable a été accordée pour les petits propriétaires. Les compagnies ne consentaient pas à assurer les petits propriétaires à raison de la prime insignifiante que ceux-ci pouvaient être appelés à payer ; l'union du Sud-Est a obtenu pour eux la faculté de s'associer de manière à réunir au moins 10 hectares à l'assurance.

On ne saurait contester l'importance de ce traité conclu par l'Union du Sud-Est et les avantages considérables qu'elle a obtenus pour ses membres. Les compagnies fixent ordinairement le montant de leur prime à 0 fr. 90 l'hectare, ce qui fait une différence de 0 fr. 40, presque la moitié.

D'autres syndicats ont créé des sociétés d'assurance mutuelle entre leurs membres.

La Solidarité orléanaise, créée en 1891 par le syndicat des agriculteurs du Loiret, est une société d'assurance mutuelle contre les accidents du travail pour les cultivateurs faisant partie des syndicats et autres associations comprises dans les dix départements formant l'union du Centre.

Elle repose sur une cotisation fixe de 0 fr. 50 par hectare de terre cultivée ; les bois, landes, prairies naturelles ne sont pas compris, mais les accidents qui y surviendraient sont néanmoins garantis. La société a fixé le maximum de garantie dans un même sinistre à 8,000 francs, avec faculté pour le conseil d'administration de l'élever à 10,000 fr. après délibération. En cas d'insuffisance des ressources, le conseil d'administration peut faire un second appel de fonds égal au premier. Enfin tout engagement doit être contracté pour 5 ans ; la mort de l'assuré, sa cessation de culture sont des causes de résiliation. Cette société, dont la plupart des fonctions sont [gratuitement remplies par les syndicats, présente des avantages économiques considérables qui ont déterminé la société des agriculteurs de France à la prendre sous sa protection dans le but d'étudier les moyens d'étendre son champ d'action. Son organisation assure à tous, par la suppression des intermédiaires, la sécurité au prix coûtant.

Les chiffres cités au congrès d'Orléans prouvent assez par leur progression croissante et le boni, réalisé malgré le taux infime de la prime, l'économie du système. Après avoir débuté au 1er juillet 1891 avec 2,225 hectares assurés, la solidarité orléanaise présentait au 31 décembre 1896 la situation suivante :

« Nombre d'hectares assurés..... 47.398 h. 50

Nombre de sociétaires........ 805

Primes encaissées .... 23.795 f. 95

Nombre des accidents réglés...   215
Importance des sinistres payés..   14.890 f. 95
Frais afférents à ces sinistres ...   1.339 f. 05

Son bilan, à cette date, se balançait par 24,918 f.85; l'actif net s'élevait à 12,355 fr. 80 qui forme la réserve de la société » (1).

L'agriculteur doit enfin prévoir d'autres risques et avoir recours à l'assurance contre l'incendie auquel sont continuellement exposées ses récoltes et sa maison. C'est là une cause de ruine d'autant plus redoutable que celui qui en est victime est peu fortuné et se trouverait dans le plus grand embarras pour remédier à son désastre. Les syndicats agricoles doivent, ici encore, intervenir pour encourager tout propriétaire à se prémunir. Cette intervention sera cependant plus restreinte et devra se limiter à faciliter les rapports entre agriculteurs et sociétés d'assurances, obtenir de celles-ci des faveurs pour leurs membres, comme elles en ont obtenu déjà pour d'autres assurances. Nous ne citerons comme exemple que l'entente intervenue entre le syndicat des agriculteurs du Loiret et la « Société d'assurances mutuelles immobilières et mobilières contre l'incendie de la Seine et de Seine-et-Oise ». Le syndicat qui compte plus de 6,000 membres est représentant de la société et fait bénéficier ses membres d'une réduction de 25 p. 100 sur la prime

(1) Compte-rendu du Congrès national d'Orléans, p. 97.

de la première année et 6 p. 100 sur les primes des années suivantes.

Les syndicats ne sauraient engager ici leurs adhérents
à fonder des sociétés mutuelles en raison des difficultés
trop nombreuses qui se présentent. On ne saurait en
effet comparer les risques courus en matière d'accident
ou de mortalité du bétail à ceux auxquels ont à faire face
les assurances contre l'incendie. L'étendue des sinistres
qui peuvent survenir exige une réserve importante permettant de faire face aux années malheureuses. Seules
les sociétés qui ont le bonheur de subir peu de sinistres
les premières années de leur fondation peuvent arriver à
se constituer cette réserve importante. Ici, comme pour la
grêle, nous n'avons qu'à jeter un regard en arrière et
consulter les statistiques pour constater combien sont
nombreuses les chances de ruine de ces sociétés.

M. le comte de Rocquigny nous cite cependant une
société mutuelle d'assurance contre l'incendie due à l'initiative d'un syndicat agricole, dont les débuts paraissent
très heureux. Fondée en 1886 dans la commune de
Viriat (Ain) qui compte à peine 3,000 habitants, elle
avait réalisé au 1er janvier 1893, une réserve de 10,864
francs 28. « Malgré la chance exceptionnellement favorable dont la mutuelle a joui pendant les premiers exer--
cices, la garantie des assurés demeure précaire : car une
société qui assure plus de 5 millions de valeurs et n'a
comme ressources normales pour faire face aux sinistres

qu'environ **2,800** fr. de cotisations annuelles est toujours à la merci d'une année défavorable. » (1).

VIII. — LES SYNDICATS AGRICOLES
ET LA COOPÉRATION

« La coopération, nous dit M. Georges Michel, est une
entente entre des personnes qui réunissent leurs forces
pour lutter avec succès contre les obstacles qui s'opposent aux individus et pour être capables d'offrir ou d'obtenir des avantages supérieurs à ceux qu'elles pourraient offrir ou obtenir si elles restaient isolées » (2).
On ne saurait tenter une nomenclature des diverses
opérations que peut comporter la coopération, pas plus
qu'on ne saurait déterminer les diverses formes qu'elle
peut revêtir. Sa souplesse permet de l'approprier à la
satisfaction d'une infinité de besoins les plus variés et
dans l'évolution sociale et économique qui se déroule en
ce moment, c'est à elle, c'est à l'association qu'on demande cette satisfaction que ne saurait se procurer l'individu isolé dans la lutte pour la vie. M. Georges Maurin
disait au Congrès National de Lyon en 1894 : Toute
société coopérative a pour but d'accroître, par la force
de l'association solidaire, la puissance de l'individu : sa
puissance d'économie, si elle est de consommation ; sa

(1) Comte de Rocquigny : Les Syndicats agricoles et le Socialisme agraire, p. 294.
(2) L'Économiste Français du 23 novembre 1895.

puissance de rapport, si elle est de production ; sa puissance d'escompte, si elle est de crédit.

L'association coopérative née de ce siècle sous la forme de sociétés plus vastes et dans des buts plus spéciaux de production et de consommation, remonte aux origines mêmes des sociétés. On a fait de bonne heure de la coopération et on en fait encore tous les jours sans s'en douter; de même qu'elle est un droit naturel, elle est un besoin naturel.

Il est intéressant de rapprocher de la définition de M. Georges Michel, celle qu'a donné M. Waldeck-Rousseau de l'association syndicale : « C'est, dit-il, un contrat par lequel plusieurs personnes conviennent de mettre en commun leurs facultés, leurs connaissances ou leur activité dans un but déterminé ». Si nous recherchons quel est ce but déterminé que poursuivent les syndicats agricoles, nous sommes obligés de reconnaître qu'il répond exactement à celui que M. G. Michel attribue à la coopération « obtenir des avantages supérieurs en luttant avec succès contre les obstacles qui s'opposent aux individus isolés ». Le syndicat agricole serait donc le pivot de cette entente, de cette coopération agricole indispensable à la défense des intérêts des agriculteurs, intérêts d'une complexité croissante sur lesquels il veillera avec un soin jaloux à mesure que l'évolution économique viendra les modifier.

Nous n'entendons pas, assurément, dire par là que les syndicats agricoles nous présentent le type pur de la société coopérative, mais seulement qu'on y rencontre le principe coopératif très largement appliqué. C'est en ce sens que le nouveau dictionnaire d'économie politique de M. Léon Say a pu inscrire sous la rubrique « Syndicats agricoles » cette phrase qui exprime parfaitement notre idée : « Les syndicats agricoles sont actuellement la plus haute expression de l'idée coopérative ».

Il est aisé de se rendre compte de la multitude d'applications du principe coopératif que peuvent comporter les opérations des syndicats agricoles, dont le champ d'action est si vaste. Il n'est pas un seul point de la vie de l'agriculteur qui ne soit susceptible de bénéficier des avantages de la coopération : la production, les achats qu'elle comporte, la vente des produits, la consommation, en un mot toutes ses manifestations économiques appelleront son intervention, sans compter qu'une foule d'institutions, n'appartenant pas à l'économie pure, emprunteront pour la réalisation parfaite de leur rôle social l'application du principe coopératif.

« Seule, a dit M. le comte de Rocquigny, l'habile organisation des producteurs, la concentration de leurs forces, leurs unions pour produire mieux et à meilleur marché, peuvent encore les mettre à même d'exploiter la terre avec ce bénéfice modeste qui les fuit chaque jour : C'est aux sociétés coopératives si fécondes, si souples dans leurs méthodes si variées, que l'agriculture demandera sans hésiter cette initiative et cette puissance, afin d'obéir à l'inéluctable nécessité d'approprier ses conditions d'existence à l'évolution économique des échanges (1).

Le syndicat demeurera souvent impuissant à fournir par lui seul une assez large application du principe coopératif ; il devra alors pour ne pas perdre son caractère propre fonder à côté de lui et sous ses auspices des sociétés coopératives proprement dites qui concourront avec lui au même but commun.

Nous allons nous efforcer de faire ressortir les diverses applications de l'idée coopérative que comporte le fonc. tionnement des syndicats ; nous donnerons ensuite un aperçu des sociétés coopératives à la création desquelles ils ont cru devoir recourir.

L'exploitation du sol qui a été et demeurera toujours l'objet principal des syndicats agricoles nous offre tout d'abord une variété infinie d'applications du principe coopératif qu'ils ont pu faire par eux-mêmes. Nous avons déjà vu l'importance de leur rôle dans les achats collectifs d'engrais, de tourteaux ou d'autres substances destinées à l'alimentation du bétail, de graines et semences, de tous ces éléments sans lesquels la production est impossible (2). Nous avons vu ces achats s'étendre à des machines et instruments agricoles dont la seule force de l'association pouvait permettre de vulgariser l'usage.

---

(1) D'après M. Donizet, président de la Société coopérative agricole d'Orléans et du Centre. Compte rendu du congrès d'Orléans. p. 174.

(2) Le Syndicat agricole de Montpellier et de Languedoc a acheté pour un million de francs de fourrages et de pailles en 1893-94, 426.000 fr. de grains, 90.000 fr. de tourteaux.

Leur prix excessif, leur emploi trop rare mettait souvent l'individu isolé dans l'impossibilité d'en employer. Si nous parcourons la nomenclature détaillée qu'a fournie M. le comte de Rocquigny dans son rapport à l'office du travail en 1895 sur les conditions du travail agricole et les procédés coopératifs de production et de vente employés par les cultivateurs, nous verrons figurer dans la plupart des syndicats les instruments et les machines les plus divers, chaque syndicat faisant un choix différent suivant la nature des travaux et besoins auxquels il doit pourvoir. Trieurs à céréales, trieurs décuscuteurs, pulvérisateurs, charrues défonceuses et diverses, distributeurs d'engrais, semoirs, presses à fourrages, bascules, rouleaux, houes à cheval, scarificateurs, herses, hache-paille, coupe-racines, concasseurs, alambics, moissonneuses, faucheuses, faneuses, rateaux à cheval, batteuses, etc., forment le matériel agricole général auquel on doit ajouter le matériel spécial à la viticulture, à la vinification et à d'autres cultures particulières.

Nous ne craindrons pas d'être taxé d'exagération en disant que le chiffre des économies ainsi réalisées et des services rendus est incalculable. Tout d'abord bon nombre de petits et moyens propriétaires eussent été privés de moyens plus économiques et plus rémunérateurs à la fois. Quant à ceux auxquels leurs ressources eussent permis les dépenses quelquefois considérables de ces achats, ils pourront obtenir les mêmes résultats par l'emprunt de ces machines qu'offrent les syndicats, d'où

économie dans le capital matériel. Cette économie mul-
tipliée par le nombre éventuel d'acquéreurs que le syndicat a supprimés représente une somme très ronde qui
a trouvé ailleurs plus utile application et plus large rémunération dans l'industrie agricole.

Bon nombre de syndicats ont assuré certains services
plus compliqués de ce matériel en constituant entre leurs
membres des sociétés coopératives. C'est ainsi que se sont
formées des sociétés coopératives de battage assez nombreuses. Le matériel de battage à vapeur, coûtant de
5.000 à 10.000 fr. fournit un travail considérable qui
permet d'amortir rapidement l'emprunt réalisé pour
l'achat. L'exemple des syndicats a été suivi et on peut
aujourd'hui constater sur tous les points de la France de
petites associations constituées entre quelques propriétaires pour l'achat et l'usage communs d'un ou plusieurs
instruments qui leur sont plus particulièrement utiles. Il
faut encore considérer comme des avantages du principe
coopératif les faveurs que les syndicats obtiennent par la
seule force de la collectivité qu'ils représentent, de certains entrepreneurs agricoles (battage, moisson, mouture,
hachage, broyage de sarments, défoncements).

Une forme plus particulière de la coopération dans
l'exploitation du sol est l'aide mutuelle en travail dont
nous avons relaté l'application fréquente, la mutualité
venant relever le caractère essentiellement utilitaire de la
coopération par l'élément moral et humanitaire qu'elle
fait intervenir. « Plus large que la coopération, plus

imprégnée du sentiment de la solidarité humaine, la mutualité la complète et la garantit » .

A la suite de la crise forestière et pour remédier à la
misère des ouvriers bûcherons, on avait proposé une
organisation purement coopérative de l'exploitation des
forêts par les ouvriers (1).

La préservation des récoltes vient à son tour emprunter tous les avantages que peut procurer la concentration
des efforts pour assurer leur action effective. Rien n'a été
épargné pour conserver à l'agriculteur cette récolte pré-
cieuse sur laquelle il compte pour subvenir à ses besoins par le maigre bénéfice qu'elle lui procure, et lui
permettre de soutenir la concurrence contre laquelle il a
à lutter.

C'est ainsi que se sont constitués des syndicats nombreux de hannetonnage dont les résultats pratiques sont
indéniables. (Le syndicat de hannetonnage de Bernay a détruit 148.000 kilos de hannetons en 1889 et 46.000
seulement en 1892). Le syndicat de Rouiba (Algérie)
emploie contre les invasions de sauterelles des appareils
cypriotes.

De nombreux syndicats se proposent comme but spécial la destruction d'autres insectes nuisibles, la lutte
contre le phylloxera, contre le Mildiou, l'Oïdium, le
Black-rot et autres maladies cryptogamiques de la vigne.
Leur intervention a surtout été efficace dans la protection

(1) Comte de Rocquigny. Les syndicats agricoles et le socialisme
agraire. p. 124.

de la vigne contre les gelées au moyen de nuages artificiels ; les résultats obtenus par ce travail coopératif auraient été irréalisables par la seule initiative individuelle.
Seuls quelques grands propriétaires se seraient trouvés
dans la possibilité de garantir leurs vignes, les petits
n'auraient pu supporter les charges trop lourdes qui leur
seraient incombées de ce fait.

Dans les pays où l'élevage constitue la principale branche de l'industrie agricole, les syndicats ont rendu de
signalés services en provoquant une amélioration constante des races par l'achat d'étalons, juments, taureaux
ou vaches. Des livres généalogiques ont été dressés qui
contribueront à conserver la pureté des différentes races
en établissant l'état civil des animaux leur appartenant.
On appelle ces livres Stud-Books pour l'espèce chevaline
et Herd-Books pour l'espèce bovine. L'assurance mutuelle contre la mortalité des bestiaux constitue le complément naturel à ces différents services.

Le syndicat n'a pas le pouvoir légal de rendre tous les
services coopératifs qu'exigeraient les besoins de l'agriculture. Arrivé à une certaine limite il s'est trouvé dans
l'alternative, ou de se transformer en société coopérative
proprement dite, ou, s'il voulait conserver son existence
propre de syndicat, de susciter à ses côtés la création
d'une société distincte de ce genre. Il s'est trouvé des
syndicats qui se sont transformés en société coopérative.
Le syndicat agricole de Montpellier et du Languedoc,
fondé en 1886, et qui comptait, en 1890, 1500 mem-

bres, s'est vu obligé par suite du développement considérable de ses affaires (le chiffre de ses achats s'est élevé à 1.200.000 fr. en 1887 et 1.700.000 en 1890) à se transformer en société coopérative de consommation et d'approvisionnement agricole régie par la loi du 24 juillet 1867 sur les sociétés anonymes à capital variable. Il est intitulé sous cette nouvelle forme « Syndicat agricole de Montpellier et du Languedoc, société civile anonyme à capital variable ». Nous nous bornerons à faire remarquer le contraste entre les deux termes de cette raison sociale.

Cet exemple n'a été que rarement suivi, les syndicats ont préféré se décharger sur une société coopérative annexe du fardeau des opérations financières et conserver leur personnalité propre pour continuer à s'occuper de la défense des intérêts professionnels. Nous allons parcourir les différentes formes qu'ont pris ces sociétés coopératives pour répondre aux différents besoins de la production et de la consommation.

En remontant à plusieurs siècles nous trouvons déjà des associations formées pour la production collective du beurre et du fromage. Les fruitières du Jura ont, nous l'avons déjà dit, fait de la coopération avant que la théorie en ait dégagé les principes et recommandé les avantages à la pratique. Empruntées elles-mêmes vers 1630-1640 par la Franche-Comté à la Suisse où elles étaient nées vers le XIIIe siècle, ces fruitières ont été imitées dans le principe de leur fonctionnement par de nombreuses

fromageries, laiteries coopératives et fruitières qui sous
l'impulsion des syndicats agricoles, ont surgi depuis quelques années sur tout le territoire de la France. On peut se
faire une idée de l'importauce du rôle que peuvent jouer ces
sociétés en consultant les chiffres que nous rapportent
les enquêtes agricoles : La France possède 6.700.000
vaches à lait produisant 80 millions d'hectolitres de lait
par an, d'une valeur de 1 milliard environ (1). La vente
plus rémunératrice du lait en nature ne peut s'effectuer
qu'aux environs des centres populeux. Dans les campagnes isolées et les villages, le seul moyen d'en tirer profit
est de le transformer en beurre ou fromage. C'est ici
que la coopération va modifier très sensiblement le revenu.
La fabrication collective du beurre ou du fromage subs-
tituant des appareils perfectionnés aux procédés primitifs
d'écrémage et de barratage permet de retirer du lait tous
les éléments qu'il est possible de lui emprunter, d'où
production plus abondante et qualité bien supérieure. M.
Lézé professeur à l'école d'agriculture de Grignan estime
que la fabrication collective du beurre peut rapporter de
0 fr. 10 à 0 fr. 12 par litre de lait (2), tandis qu'une
fermière travaillant 100 litres de lait n'en retirera en
moyenne que 3 kilogrammes de beurre représentant une
valeur de 6 francs, non compris le coût de la main-

(1) Rapport à l'office du travail de M. le comte de Rocquigny
1895.
(2) La laiterie coopérative de Chaillé a payé le litre de lait
0 fr. 124 en 1891, 0 fr. 137 en 1892 et 0 fr. 146 en 1893, année
exceptionnellement favorable à la vente du beurre par suite de la
sécheresse (rapport précité),

d'œuvre et les frais de transport au marché. c'est-à-dire à peine 0 fr. 05 par litre (1).

Des laiteries industrielles s'étaient fondées en assez grand nombre qui s'enrichissaient de cette différence. En 1887 et 1888 deux laiteries coopératives se fondèrent à Leschelle (Aisne) et à Chaillé (Charente-Inférieure) dont la réussite fut complète. Depuis lors l'exemple a été suivi dans les Charente, le Poitou, le Nord et la Bretagne et le nombre des laiteries coopératives françaises a été évalué à la fin de 1895 à près de cent.

Les fruitières et fromageries se sont développées plus spécialement dans le Jura et les Alpes, on en compte environ 2200. Les syndicats ont provoqué la fondation d'un grand nombre de ces sociétés, les ont aidées de leurs conseils et encouragements. Ceux de Lons-le-Saulnier, Besançon, Poligny, etc., ont établi un service spécial d'inspection des fruitières et de vérification des laits. Le syndicat de Lons-le-Saulnier a même organisé le crédit par les fruitières, sur nantissement de fromages en cave, une des formes du crédit agricole.

Le système des caves coopératives pour la fabrication du vin, pratiqué depuis longtemps dans les provinces rhénanes de l'Allemagne, dans les vallées de l'Ahr, de la Sarre et de la Moselle, sous les noms de Weinbauvereine et Winzervereine n'a pas encore été introduit en France. De nombreux syndicats se sont cependant préoccupés d'é-

---

(1) M. Lézé : Les industries du lait.

tudier les moyens de les mettre en pratique, dans l'intérêt des petits propriétaires. L'Italie et la Sicile possèdent également des caves coopératives sous le nom de « cantine sociali. »

La mouture, la panification, la distillerie. la féculerie, la fabrication d'huile d'olive, de conserves de viandes, légumes, ont également fait l'objet de sociétés coopératives dont un grand nombre est du à l'initiative des syndicats agricoles. Des boucheries coopératives ont assuré aux producteurs une vente rémunératrice à laquelle vient s'ajouter une part des bénéfices qu'ils partagent ordinairement avec les consommateurs (1).

Le syndicat agricole de la Montagne-Noire (Aude) a même créé une fabrique coopérative de draps. Les membres de cette société qui ne vendaient leur laine que 0 f. 70 le kilogramme, en ont retiré un prix moyen de 1 f. 20 en 1893-94.

Les agriculteurs de Cuges et de Roquevaire, dont la seule ressource est la culture des capres, virent tomber, par suite de la concurrence de l'Espagne et de l'Algérie, le prix du kilo de capres à 0 fr. 65. « C'était la ruine pour Cuges et Roquevaire, car le prix rémunérateur s'élève pour elles au minimum de 1 fr. ou 0 f. 95 » (2). La formation d'une société coopérative en 1893 pour la fabrique de conserves de capres eut pour résultat de faire

---

(1) Compte-rendu du Congrès d'Orléans, p. 184.
(2) Léopold Mabilleau. Revue de Paris du 1er juillet 1897. Le mouvement agraire en France.

remonter le kilo à 1 f. 10, grâce aux meilleurs procédés de préparation ; il faut en outre tenir compte des économies sérieuses qui furent ainsi réalisées, sur le vinaigre en particulier.

Le rôle d'une société coopérative est peu compliqué et présente peu de difficultés lorsqu'elle n'a pour objet qu'un produit déterminé ; mais pour répondre aux besoins si variés des agriculteurs, il faut que cette organisation porte sur la production, la vente de toute espèce de produits agricoles et qu'en outre elle se propose de satisfaire à tous les besoins de consommation de ses membres.

Quelques sociétés coopératives se sont fondées dans le but unique de vendre les produits agricoles ; « la liste en a été dressée au 1er janvier 1897 par le syndicat économique agricole ; elle donne 30 sociétés coopératives de production et 42 syndicats agricoles ayant organisé des offices pour la vente des produits. » (1) Les dificultés auxquelles viennent se heurter ces sociétés sont nombreuses. Les agriculteurs sociétaires manquent encore de cette éducation économique qui fait la force du commerce, il est difficile d'obtenir d'eux une rigoureuse exactitude, tandis qu'ils sont eux-mêmes généralement très exigeants ; les paiements qui doivent être faits au comptant par la société, alors qu'elle même ne touchera le prix qu'à échéance, exigent la constitution d'un capital

(1) Rapport de M. Denizet au Congrès d'Orléans. — Compte-rendu, p. 19.

assez important ; et enfin le point capital : il faut trouver des débouchés. Les sociétés coopératives de consommation, qui sembleraient devoir être le débouché naturel des produits agricoles, n'ont encore que rarement traité avec les sociétés de production. C'est que celles-ci nées d'hier ne présentent point encore tous les avantages que peut offrir le commerce. « Les coopérateurs (consommateurs) qui sont tous ou presque tous des ouvriers manuels, ne peuvent consacrer à l'administration des sociétés coopératives que les rares loisirs que leur laisse leur profession.C'est le soir, après leur labeur quotidien, que les administrateurs se réunissent pour traiter des affaires de leurs sociétés et le temps qu'ils passent à délibérer est pris entièrement sur le repos journalier. Ils sont donc obligés de faire vite et pour cela ils doivent avoir sous la main tous les éléments d'appréciation : prix courants, échantillons, etc. » (1). Tous ces éléments le commerce les offre surabondamment, tandis que les sociétés coopératives de production restent dans l'inaction. Le congrès national d'Orléans a émis le vœu « que l'agriculture s'organise pratiquement pour faciliter les opérations d'achat et de vente » en répandant des bulletins, des prix-courants périodiques, destinés à tenir les sociétés de consommation au courant des denrées offertes et des prix demandés pour faciliter ainsi leurs achats ; que

(1) Rapport au Congrès d'Orléans de M. Chiousse, président de la fédération des sociétés coopératives de consommation des employés des chemins de fer P.-L.-M.

« pour prémunir les sociétés de consommation contre
les tromperies des sociétés usurpatrices du titre de « sociétés agricoles de production », la société des agriculteurs
de France, ou l'union des syndicats des agriculteurs de
France, publiera, après enquête, la liste des sociétés
agricoles de production réellement coopératives ».

Un autre débouché pourrait être ouvert par les admi-
nistrations de l'armée et de la marine. Des tentatives ont
été déjà faites. « Quelques mois de gestion directe pour
l'achat des fourrages ont bien été tentés, notamment à
Orléans, il y a quelques années, mais ces essais ont duré
à peine quelques mois, pendant lesquels les cultivateurs
qui ont livré directement ont prétendu n'avoir pas ton-
jours rencontré toute la bienveillance désirable ». « Nous
avons vu certaines sociétés entreprendre la fourniture de
légumes de l'ordinaire des régiments, et nous croyons
pouvoir dire qu'elles l'ont fait de façon à donner satisfaction à la fois aux producteurs et aux consommateurs » (1) a dit M. Denizet au congrès d'Orléans. M. le
comte de Rocquigny cite à son tour dans son rapport à
l'office du travail des marchés de ce genre : « par marchés
passés pour un an, la société coopérative d'Orléans ap-
provisionne de légumes les ordinaires du 131e régiment
de ligne et du 32e régiment d'artillerie. Ces marchés
s'exécutent de la manière la plus satisfaisante.... elle a
soumissionné aussi pour une année, en adjudication pu-

(1) Compte-rendu du congrès d'Orléans, p.170.

blique, la fourniture des pommes de terre à faire à l'Assistance publique de la ville de Paris (200,000 kilos)».
Ce que désireraient surtout les syndicats, ce serait de voir fractionner les lots des adjudications. En Allemagne les agriculteurs sont les fournisseurs directs de l'armée.

On rencontre quelques petites sociétés coopératives de consommation pure fondées par des syndicats dans la Côte-d'Or, l'Aube, etc. Elles ont très peu d'importance, nous n'insisterons pas sur leur rôle.

La forme mixte de société coopérative de production et consommation répond seule à la satisfaction de tous les besoins et intérêts des agriculteurs, aussi a-t-elle été adoptée depuis quelques années par les hommes dévoués et actifs qui ont cherché à doter les syndicats ou unions d'une institution coopérative. L'avenir appartient à cette forme mixte par l'utilité économique et sociale qu'elle présente à ses sociétaires. Chaque année amène quelque création nouvelle et voit augmenter l'importance des sociétés existantes. C'est que la société coopérative de production et de consommation résume en elle seule toute la vie économique de l'agriculteur.

M. le comte de Rocquigny a ainsi résumé le triple but atteint par elle :

« 1· L'abaissement des frais de culture concordant avec l'accroissement des rendements : par suite le prix de revient des produits agricoles diminué ;

2· La vente plus facile et plus avantageuse de ces produits ;

3· Une réduction considérable de toutes les dépenses de ménage, c'est-à-dire la vie à bon marché pour les familles rurales » (1).

Il faut reconnaître que la tâche est lourde ; elle demande des hommes non-seulement actifs et dévoués, mais d'une compétence spéciale qu'il est assez rare de rencontrer, la réussite dépendra du choix du personnel qui doit être irréprochable. La plus grosse difficulté viendra toujours de la vente des produits agricoles ; la société subviendra plus facilement aux besoins de la consommation qu'on peut apprécier approximativement qu'aux caprices d'un producteur bien lent à se déterminer pour ses ventes.

L'exemple fut donné par le syndicat départemental de la Charente-Inférieure sous l'initiative hardie de son vice président M. Rostand. Fondé en 1886, le syndicat avait entrepris, dans le but fort louable de venir en aide à ses membres ruinés par le phylloxera, de leur fournir, non-seulement les objets de consommation professionnelle nécessaires à l'exploitation du sol, mais encore tous les nombreux objets de consommation personnelle, nourriture, habillement, etc.

Le syndicat se sentit bientôt débordé par le nombre toujours croissant de ces opérations illégales et il se vit contraint de se décharger de leur fardeau sur une société commerciale anonyme à capital variable qui se forma sous

---

(1) Comte de Rocquigny : Les syndicats agricoles et le socialisme agraire, p. 167.

9

son patronage le 15 septembre 1888. Ce fut la société coopérative de production et de consommation de la Charente-Inférieure. Depuis 1894 son rayon d'action a été étendu à tous les syndicats agricoles formant l'Union du Sud-Ouest. Il ne nous appartient pas de rentrer dans tous les détails du fonctionnement de cette société dont l'administration est absolument indépendante du syndicat, qu'il nous suffise d'indiquer les points d'attache du syndicat à la société.

Tous les membres du syndicat ont droit à bénéficier des avantages de la coopération, 50 p. 100 des bénéfices nets leur sont répartis au prorata des achats, moyennant une cotisation de 1 fr. par an et par membre que le syndicat verse dans la caisse de la société ; mais en échange la société s'est chargée des frais de publication du bulletin mensuel, des loyers, gages du personnel, frais de bureaux, etc. Quant aux résultats, on constate un chiffre de 1,800,000 fr. à 2,000,000 par an représentant les achats des agriculteurs dans 33 succursales, la vente des produits n'a au contraire donné aucun résultat sérieux. « La clientèle des acheteurs ne faisait pas défaut, elle s'est heurtée à l'indifférence et à l'abstention des producteurs dont les habitudes routinières ont résisté aux nouvelles pratiques de vente mises à leur disposition » (1). La société offre dans des rayons spéciaux, dont M. Duport a fait le plus enthousiaste éloge, les objets les plus divers, les magasins renferment pour 1,300,000 à

_____

(1) Rapport à l'office du travail de M. le comte de Rocquigny.

1,400,000 francs de marchandises environ. Les prix de
vente, bien que donnant encore lieu à une répartition
de bénéfices, sont cependant notoirement inférieurs à
ceux du commerce local, la différence serait, d'après le
comte de Rocquigny, de 5 p. 100 sur les denrées d'épicerie, de 20 p. 100 sur la mercerie et de 25 p. 100 sur
la quincaillerie. Voila bien une économie sérieuse réalisée
au profit de l'agriculteur consommateur obligé jusque là
de subir les exigences des nombreux intermédiaires parasites et inutiles qui vivaient à ses dépens.

Les beaux résultats obtenus par ce premier essai ont
encouragé bon nombre d'autres syndicats ou unions à
entrer résolument dans la voie nouvelle qui leur était
tracée. Depuis lors, chaque année a vu éclore quelqu'une
des sociétés du même type qui sont aujourd'hui répandues sur tous les points de la France :

En 1889 c'était à Hyères que se fondait la « société
coopérative de la région d'Hyères » devenue aujourd'hui
la « société coopérative du Var » ; en 1890, à Tonnerre
la « société coopérative de production et de consommation du Tonnerrois » ; en 1891, à Clermont-Ferrand la
« société coopérative de production et de consommation
des agriculteurs du Puy-de-Dôme » ; à Montpellier, transformation du syndicat agricole de Montpellier et du Languedoc en société coopérative ; en 1892, à Agen, la
« société coopérative des agriculteurs du Lot-et-Garonne »,
à Villeneuve-sur-Lot la « société coopérative de Villeneuve-sur-Lot », à Dijon, la « coopérative agricole de

Bourgogne et de Franche-Comté » ; en 1893, à Amiens la « société coopérative agricole de la région du Nord »; en 1894, à Avignon la « coopérative de Vaucluse » devenue la «coopérative agricole des Alpes et de Provence»; et la « coopérative de Provence », à Lyon la « coopérative agricole du sud-est » et « l'union des producteurs et consommateurs » ; à Alger « l'association coopérative des producteurs algériens » ; à Toulon le « syndicat agricole du Var » société anonyme civile à capital variable ; en 1895, à Orléans la « société coopérative d'Orléans et du centre » ; à Caen la « société coopérative agricole centrale de Normandie » ; en 1896, à Compiègne et à Cambrai, deux nouvelles sociétés coopératives agricoles de consommation et de production.

Nous avons tenu à donner cette énumération pour mieux faire ressortir le rapide essor qu'a pris le mouvement coopératif agricole dans ces dernières années. L'importance que sont appelées à prendre ces sociétés à circonscriptions généralement assez étendues est un signe certain de la prospérité des syndicats agricoles à l'initiative desquels elles doivent leur existence. Toutes ces fondations récentes, profitent des expériences de leurs ainées, font peu à peu leur éducation économique, de jour en jour elles deviennent plus aptes à rendre dans de meilleures conditions les services auxquels elles sont destinées. La conséquence fatale doit en être une augmentation progressive du bien être matériel chez les agriculteurs qui savent profiter de leurs avantages économiques

Cette évolution économique dont nous voyons les débuts est appelée à opérer une transformation complète de leurs conditions d'existence. Il faut pour cela donner le temps aux syndicats de s'acquitter de la tâche laborieuse qui s'impose à eux, d'arracher les cultivateurs à leurs vieilles routines, aux usages arriérés qui ne répondent plus aux conditions économiques actuelles. Le jour où ils auront réussi à élargir l'étroitesse de leurs idées et de leurs vues, à faire en un mot leur éducation nouvelle, ce jour là ils auront rempli le plus difficile de leur rôle économique et social.

CRÉDIT AGRICOLE

Le Crédit agricole nous apparait comme le complément indispensable aux différents services que nous venons de passer en revue. Il ne suffit pas que les syndicats agricoles offrent aux agriculteurs des engrais d'une puissance productrice incontestable, des machines et instruments nouveaux d'une puissance de travail bien supérieure aux anciens procédés, des étalons et reproducteurs de races sélectionnées. Cette évolution qui a transformé les moyens de culture, qui a permis d'obtenir des récoltes plus abondantes et à meilleur compte, entraine elle-même l'agriculteur dans des dépenses plus considérables; elle a rendu plus impérieuse l'organisation du crédit qu'elle nécessite. Le petit propriétaire, l'entrepreneur de culture (métayer, fermier, etc.) n'ont généralement pas les moyens de faire eux-mêmes à la terre les avances qui lui sont indispensables, ils en sont dès lors réduits à n'utiliser qu'une partie des sources de revenu dont ils disposent. Mettre à leur disposition ces ressources, ces avances qui leur manquent, c'est leur permettre d'essayer en pratique les procédés nouveaux dont on leur recommande l'usage. L'avance d'un hectolitre de blé qu'ils ne pourraient semer faute d'avoir de quoi l'acheter, leur en procurera quelquefois 8 ou 10 de plus à la récolte; le bénéfice, si léger fut-il leur paiera toujours et au delà, les intérêts minimes de l'avance ; un emprunt à brève échéance leur assurera dans d'autres circonstances une vente plus rémunératrice des denrées qu'ils auraient été obligés de céder à un moment de baisse, etc.

Le besoin de crédit en agriculture a été depuis longtemps démontré et reconnu, mais on s'est longtemps heurté à la difficulté que présente son organisation pratique.

L'agriculteur a besoin, par la nature même de ses travaux, d'emprunter à un terme assez long, il lui est dès lors impossible d'avoir recours aux établissements qui ouvrent au commerce et à l'industrie un si large crédit. Il ne peut même pas user utilement du warantage par les magasins généraux. D'un autre côté les opérations de crédit demandant un capital d'une certaine importance, sont difficiles à réaliser lorsque l'emprunteur n'offre pas à son créancier de solides garanties. Les capitalistes ne confient pas aveuglément leur argent à des institutions dont les opérations ne leur paraissent pas suffisamment sûres, alors surtout que ces institutions sont récentes, il faudra pour les y décider que celles-ci acceptent de ne

consentir des prêts que dans des conditions déterminées;
et dès lors si ces conditions sont trop exigeantes, les institutions de crédit agricole ne manqueront-elles pas leur
but ? N'avons-nous pas entendu reprocher bien souvent
à certaines d'entr'elles de ne faire du crédit qu'aux personnes qui pourraient en trouver par ailleurs, parce
qu'elles offrent des garanties plus que suffisantes (1).

Il est certain que le rôle d'une institution de crédit
n'est pas de distribuer de l'argent à tout demandeur, sa
ruine suivrait dans ce cas de bien près sa fondation ;
mais en dehors de garanties pécuniaires certaines, un
agriculteur peut présenter des garanties morales suffisantes pour lui faire accorder le crédit dont-il a besoin.

Il appartiendra à une société de crédit agricole de discerner dans chaque circonstance si les conditions d'ho-
norabilité qui lui sont présentées paraissent suffisantes ;
la tâche est difficile et on comprend que, de peur d'engager trop sa responsabilité, la société soit, trop souvent
peut-être, portée à se montrer exigeante.

---

(1) Nous lisons dans le compte-rendu du Congrès National d'Orléans p. 134 : Lorsqu'on a voulu mettre les caisses en œuvre, les
administrateurs, qui étaient presque toujours des agriculteurs, ont
examiné de si près quelles pouvaient être les conséquences des
prêts qu'ils faisaient, — et entre eux ils connaissent parfaitement
les ressources des gens qui demandent à emprunter, — que la
plupart du temps, ils n'ont accordé de crédit qu'à des cultivateurs
qui n'en avaient pas besoin, et qu'ils l'ont refusé à ceux auxquels
il aurait pu être utile. D'où cette singulière situation que, si c'était
un bourgeois ou un propriétaire qui administrait la caisse, il avait
en général l'esprit très large et souvent même prêtait à des personnes dignes d'intérêt, mais qui ne pouvaient pas rendre l'argent
prêté ; si au contraire la caisse était administrée par des agriculteurs, elle ne prêtait qu'à ceux qui avaient du crédit ailleurs, tant
ils étaient solvables).

Dans l'organisation de ce crédit personnel le rôle pré-
pondérant ne semble-t-il pas devoir appartenir aux syndicats agricoles ? La nature des services qu'ils sont appelés à rendre et qui intéressent plus particulièrement le
petit agriculteur, leur composition mixte et les relations
fréquentes qu'ils établissent entre leurs membres ne leur
imposent-ils pas le soin de s'en occuper d'une façon spéciale ? Ne trouveraient-ils pas là un moyen de développer
cet esprit de solidarité qu'ils cherchent à propager par
toutes leurs institutions ?

C'est ce qu'a pensé le législateur qui par la loi du 5
novembre 1894, due à l'initiative de M. Méline, leur a
confié le soin de créer des sociétés de crédit mutuel. Cette
loi laisse aux fondateurs la liberté de régler dans une
certaine mesure les conditions de fonctionnement par
des statuts qui déterminent selon les coutumes, les
mœurs, l'esprit des populations, l'étendue de la responsabilité des membres de ces sociétés. Des faveurs spéciales
leur ont été accordées. Elles sont exemptes du droit de
patente, ainsi que de l'impôt sur le revenu (art. 4 de la
loi). Les formalités auxquelles elles sont soumises, sont
très simples, l'article 5 les détermine. Organisées à côté des
syndicats, elles conservent leur administration, leur responsabilité propre et l'action coordonnée de ces deux
organismes est de nature à imprimer une vive impulsion
à l'extension du crédit. Des applications de cette loi ont
été faites aussitôt à Remiremont et Epinal par MM. Méline
et Krantz. Le capital social a été formé au moyen de

parts souscrites par les sociétaires dont le montant est fixé à 20 fr. et leur responsabilité est limitée à ce chiffre (1).

Antérieurement à cette loi certains syndicats s'étaient efforcés de procurer à leurs membres les avantages du crédit. Les uns se sont bornés à leur assurer la faculté de ne payer leurs fournitures d'engrais ou autres qu'à une certaine échéance, d'autres ont fait à leurs membres des avances en nature : semences, instruments, grains, etc. La libre disposition de leurs biens mobiliers leur permet de rendre ces services. Les départements de Vaucluse, de Meurthe-et-Moselle nous en offrent des exemples.

Des sociétés de crédit avaient également été fondées sur différentes bases. A Poligny, la forme choisie par M. Milcent avait été celle d'une société coopérative à capital variable et à responsabilité des sociétaires limitée à la part souscrite par chacun d'eux dans le capital social. Fondée en 1885 avec un capital de 20,000 fr., cette société fait à ses membres des prêts destinés à une meilleure exploitation agricole et dont le maximum a été fixé à 600 fr. Tout sociétaire doit souscrire au minimum une coupure d'action de 50 fr., dont il verse la moitié, tout emprunteur doit en outre fournir une caution. Le taux de l'intérêt a été d'abord 4 p. 100, il est maintenant à

(1) D'après M. Méline le nombre actuel des banques du type syndical de 1894 serait de 75. M. Louis Durand estime que ce chiffre est exagéré. « Dans nombre de départements, les statistiques officielles ont compté comme banques syndicales des caisses rurales fondées sous le régime de la loi de 1867 ». Revue de Paris premier novembre 1897.

3,50. L'échéance est fixée à 3 mois, la société a obtenu que la Banque de France admette à l'escompte les billets signés par elle, par l'emprunteur et la caution, des renouvellements successifs permettant de porter le terme à une échéance assez lointaine. Enfin la société reçoit les dépôts que veut bien lui confier l'épargne rurale, elle sert à ces dépôts un intérêt de 3 p. 100. Il s'est fondé des sociétés de ce genre à Senlis, Besançon, Saint-Florent-du Cher régies par la loi de 1867.

En 1893 une circonstance imprévue était venue donner naissance à bon nombre d'institutions de crédit. Les chambres avaient voté un crédit de 5 millions de francs pour indemniser les victimes de la sécheresse, les conseils généraux de certains départements détournèrent de leur destination première une partie des fonds qui leur avaient été attribués, pour les affecter à l'organisation du crédit agricole dont ils chargèrent généralement les syndicats agricoles. A Saintes, Pau, Chambéry, Lons-le-Saulnier, Amiens, Angoulème, dans la Haute-Vienne, des caisses de crédit agricole ont été ainsi fondées.

Au congrès d'Orléans, M. René Henry a fourni d'intéressants détails sur la fondation et le fonctionnement de la société anonyme de crédit agricole des Basses-Pyrénées dont le siège fut établi à Pau et qui doit son existence à cette indemnité (1) : « Une somme de 15.000 fr. a été réunie qui, jointe aux 6.000 fr. pour fonds de séche-

(1) Compte rendu du Congrès p. 153.

resse, a fait un total de 21.000 fr. Cette somme de
21,000 fr, a été placée en rente sur l'Etat 3 p. 100. On
a passé un traité avec la Banque de France, qui s'est en-
gagée à escompter dans certaines conditions le papier
agricole aux mêmes conditions que le papier commercial
billets à ordre, à trois mois, de même forme que les
billets commerciaux, portant trois signatures.........
Ce papier, la banque l'escompte à 2 p. 100. On fait donc
le crédit agricole à 2 p. 100, plus un versement de
0 fr. 50 au profit de la société anonyme, versement qui
doit lui constituer un fonds de réserve et d'amortissement. Le versement est payé lors du premier billet à
ordre. Si l'on renouvelle le billet, on n'a plus que 0 fr. 25
à verser, et cela de trois mois en trois mois. On arrive
ainsi à prolonger son crédit agricole pendant un an. Au
bout de ce temps, défense de prêter à nouveau avant
l'achèvement du trimestre... (Cette société verse 2 p.
100 à ses actionnaires, elle sert les intérêts d'une somme
de 15,000 fr.). La société fonctionne, voyant son chiffre
d'affaires grandir de plus en plus elle arrive à mettre en
circulation plusieurs centaines de mille francs, si bien
qu'elle est arrivée à avoir une circulation de 4.000 fr. à
la fois à la banque de France. Celle-ci a fixé cette somme
comme maximum... ».

Les caisses d'épargne de Lyon et de Marseille sont ve-
nues à leur tour contribuer à former le capital de diverses
caisses rurales en leur prêtant des fonds à faible intérêt.
Elles ont ainsi provoqué la fondation des caisses rurales

de Trets et de Fuveau dans les Bouches-du-Rhône, de
Bessenay, Mornant, Belleville-sur-Saône dans le Rhône.
La loi du 20 juillet 1895 est venue permettre aux caisses d'épargne de disposer d'une certaine partie de leurs
fonds. L'article 10 de cette loi les autorise à employer
la totalité du revenu de leur fortune personnelle et le cin-
quième du capital de cette fortune en prêts aux sociétés
coopératives de crédit où à la garantie d'opérations d'escompte de ces sociétés.

Le crédit rural ne peut être à même de rendre tous les
services qu'on attend de lui qu'à la condition de se trouver à la portée immédiate des agriculteurs appelés à en
user. Il faut que les caisses soient très nombreuses,
s'étendant à des circonscriptions très restreintes pour faciliter les emprunts. Il y a, ici encore, à faire l'éducation de l'agriculteur, il y a à vaincre la répugnance qu'il
éprouve à solliciter un emprunt qu'il considère encore
souvent comme une marque de situation obérée, de ruine;
il faut le familiariser avec l'exactitude des paiements à
échéance. Ces sociétés à circonscription restreinte arriveront plus facilement à vaincre ses idées routinières,
elles sont en outre plus favorables au développement de
ce petit crédit personnel. Connaissant mieux les qualités
des demandeurs de crédit, elles seront mieux en situation d'en accorder aux ouvriers laborieux et honnêtes
qui, sans offrir de garantie réelle, sont à même par leur
travail et leur conduite réglée de faire honneur à leurs
engagements

L'exemple nous avait été donné sur ce terrain par des associations de formes diverses à l'étranger. « En Allemagne, en Italie, en Autriche-Hongrie, en Belgique, en Suisse, il avait été pourvu aux besoins légitimes de crédit personnel à bon marché pour les agriculteurs par des associations de types divers : banques coopératives à responsabilité illimitée ou limitée, succursales de ces banques établies dans les milieux agricoles, caisses agricoles ou rurales à solidarité avec ou sans parts de capital, variantes de ces formes classiques, suivant les tendances et les nécessités locales (1) ».

En 1890 un groupe propagateur se forma pour acclimater en France ces diverses institutions de crédit, caisses Raiffeisen, Schultze-Delitzsch, Vollemborg qui avaient fait de si rapides progrès en particulier en Allemagne et en Italie (il existe en Allemagne plus de 2800 caisses Raiffeisen). Ce fut « le centre fédératif du crédit populaire en France » qui chercha à en vulgariser les principes par de nombreux congrès. « La conception fondamentale admise dès l'origine, nous dit M. Eugène Rostand, était que chaque localité ayant des besoins, des tendances, des ressources propres, il importait de réaliser le crédit agricole par des organisations de nature à repondre, suivant le cas, à ces éléments divers de la solution ». Le centre fédératif s'est mis au service des syndicats agricoles au Congrès d'Orléans, et leur a demandé leur appui pour

(1) Rapport de M. Rostand au Congrès d'Orléans.

propager dans les campagnes ces caisses rurales dont on pourrait déjà citer de nombreuses applications, plus particulièrement dans les Pyrénées et dans les Alpes-Maritimes. M. Rayneri, directeur de la banque populaire de Menton a été le promoteur à Castellar, Cagnes, Antibes, la Turbie, Cabbée-Roquebrune, Saint-Laurent-du-Var, etc., de caisses agricoles du type Raiffeisen avec un petit capital souscrit par les membres.

De son côté « l'Union des caisses rurales et ouvrières françaises à responsabilité illimitée » a donné une vive impulsion à la diffusion des caisses Raiffeisen à responsabilité solidaire illimitée sans constitution de capital. Nous ne saurions fournir de renseignements plus précis que ceux que nous offre le rapport présenté au Congrès d'Orléans par le président de cette Union, M. Louis Durand :

La caisse rurale est une société en nom collectif à capital variable, en d'autres termes, c'est une société coopérative, dont tous les membres garantissent solidairement et indéfiniment les opérations. Elle est composée de cultivateurs habitant la même commune se connaissant parfaitement. Elle ne prête qu'à ses membres, avec la garantie d'une caution, et pour un emploi utile et productif.

Elle se fonde sans capital : Les associés ne souscrivent pas d'actions, ne versent pas une part sociale. La caisse n'a pas besoin de capital, les garanties qu'elle présente lui assurent de trouver toujours des capitalistes ou petits épargnistes heureux de faire un placement moyennement rémunérateur et d'une sécurité absolue. Elle prête a ses membres à un taux légèrement supérieur pour couvrir ses frais et se constituer une réserve. Jamais un centime de bénéfice n'est distribué. Les pertes éventuelles seraient couvertes par la réserve.

« Quelques chiffres statistiques sont nécessaires pour montrer l'utilité et l'efficacité des caisses rurales :

Les premières fondations datent de mars 1893. A la fin de l'année il en existait 17, Au 34 decembre 1896 leur nombre était de 516, en mai 1897 il est de 571 (1).

En 1895, 209 caisses ont fourni les éléments de la statistique. Elles avaient 5.479 membres, soit une moyenne de 26 membres.

Le taux servi par elles à leurs déposants, était généralement de 3 p. 100 ; pour quelques-unes il s'élevait jusqu'à 4 et pour d'autres s'abaissait jusqu'à 2 p. 100.

Le taux demandé aux emprunteurs était généralement de 4 p. 100, variant pour quelques-uns de 3 à 5.

Le mouvement des fonds s'était élevé à 1,466,711 francs 94.

Les prêts en cours s'élevaient à 500,166 fr. 35 soit 2,400 fr. par caisse.

Le total de l'actif s'élevait à 554,343 fr. 02, les bénéfices à 3,553 fr. 24.

Les pertes s'élevaient à 325 fr. 45. Mais de ce chiffre

(1) Une lettre de M. Durand datée du 8 novembre nous apprend que ce chiffre s'est élevó à 627.

il faut déduire 287 fr. 63 provenant des frais d'un procès soutenu par trois caisses contre l'administration des contributions directes. Les pertes ne s'élèvent donc qu'à 37 fr. 82, elles résultent uniquement de la perte d'intérêts de quelques capitaux inutilisés en caisse. »

Pour les opérations de 1896 on ne possédait encore que les statistiques de 39 caisses. « Elles représentent un mouvement de fonds de 2,289,000 fr., un capital de 893,000 fr, entre les mains des agriculteurs, un actif de 998,000 fr., aucune perte provenant d'insolvabilité ni aucune créance douteuse ». (1).

L'union a publié un manuel pour faciliter des créations nouvelles, elle s'est offerte à donner tous les renseignements et toutes les consultations qui lui seront demandées.

« L'union des caisses rurales est née du mouvement syndical : elle en a l'esprit, et elle est très désireuse de collaborer avec les syndicats à l'organisation du crédit agricole. »

Les syndicats agricoles ont compris l'importance des services que peuvent rendre ces caisses rurales, ils se sont aidés déjà à leur extension, le congrès d'Orléans est venu de nouveau les inviter par un vœu à « favoriser la fondation des caisses rurales dans leurs circonscriptions ».

Le programme adopté par le Centre fédératif basé sur la diversité des types de caisses nous parait préférable à

(1) Compte-rendu du congrès d'Orléans, p. 139-140.

celui de l'Union qui ne poursuit la création que d'un seul de ces types, il le complète avantageusement et semble appelé à jouer un rôle plus important.

Nous avons rapidement passé en revue ce qui a été tenté pour organiser le crédit agricole. L'initiative individuelle n'est pas restée endormie, comme nous pouvons en juger par les résultats, elle a trouvé, une fois encore, une solution que nos représentants des deux chambres s'obstinent à chercher dans l'intervention de l'Etat. Il reste encore beaucoup à faire à cette œuvre naissante du crédit agricole. Le zèle infatigable de ses propagateurs viendra cependant à bout des obstacles qu'elle aura à vaincre. La liberté dont elle demande à jouir suffira seule à lui permettre de rendre tous les services auxquels elle est appelée.

M. Méline a cependant fait aux agriculteurs, à plusieurs reprises, des promesses qui seraient de nature à favoriser considérablement le crédit agricole et à faciliter l'extension des caisses ou sociétés chargées de le procurer.

Il disait en effet au concours agricole de Vesoul, le 4 juillet 1897 :

« La convention récente passée avec la Banque de France met à la disposition du gouvernement un capital de 40 millions augmenté chaque année pendant 23 ans d'une annuité de 2 à 5 millions. Nous avons pensé qu'on ne pouvait faire un meilleur usage de ces sommes considérables qu'en les employant à subventionner toutes les banques mutuelles agricoles qui se fonderont sur tous les points de la France pour fournir aux agriculteurs les ressources nécessaires à toute bonne exploitation. » A la distribution des prix du concours organisé par M. de Chambrun le 34 octobre dernier il ajoutait : « Dans quelques jours je proposerai au Parlement la création de banques régionales mutuelles chargées de recevoir et de répartir entre les banques locales les ressources considérables que la convention avec la Banque de France va mettre entre nos mains.... Je compte sur l'action énergique des syndicats pour donner une impulsion décisive à la mise en marche du crédit agricole. »

Deux questions sont intimement liées à celle du crédit agricole : celle du warrantage des produits agricoles, qui n'est en somme qu'une forme du crédit et celle de l'extinction de la dette hypothécaire qui pèse sur les propriétés rurales.

Le warrantage procurerait des ressources à l'agriculteur et lui permettrait d'attendre de meilleures occasions pour la vente de certains produits. En l'état actuel cette opération est bien difficile à réaliser, les frais qu'elle entraine sont généralement assez élevés, les privilèges qui pèsent bien souvent sur ces produits sont en outre un obstacle sérieux, pour ne pas dire insurmontable.

Il s'agirait pour rendre pratique le warrantage d'organiser des prêts sur gage sans déplacement de la marchandise. Le projet de loi déposé par M. Ernest Delaunay tend à réaliser cette innovation. Le produit agricole warranté restant le gage du porteur du warrant jusqu'au remboursement des sommes avancées, l'agriculteur conserverait le produit warranté sous sa responsabilité. L'agriculteur qui détournerait ou dissiperait ce gage encourrait les peines prévues pour l'abus de confiance par les articles 406-408 du code pénal. Une disposition spéciale concilierait cette opération avec les privilèges possibles.

En attendant que les Chambres sanctionnent ces projets, divers syndicats se sont efforcés de rendre plus accessible le warrantage à ceux de leurs membres qui se trouveraient en mesure d'y recourir. Le syndicat agricole d'Anjou avait essayé en 1894 de faciliter le warrantage dans des docks publics dont il avait obtenu des conditions de faveur ; les frais étaient encore trop lourds et en 1895 il a organisé par un règlement spécial le warrantage des blés à domicile. Tous les membres de l'union des syndicats agricoles de l'Ouest y sont admis à condition de s'engager à observer les conditions du règlement.

Les banquiers du syndicat lui ont ouvert, pour l'escompte des warrants un crédit de 100,000 francs. Les opérations ont dépassé dans les trois premières semaines de novembre 1895 le chiffre de 20,000 fr. A Orléans, Reims, etc., les membres du syndicat agricole jouissent de faveurs spéciales pour le warrantage dans les magasins généraux depuis 1895.

Malgré toutes les tentatives faites l'agriculture a intérêt à voir apporter les innovations légales qu'elle appelle de tous ses vœux. Outre le crédit qu'il procure, le warrantage permettrait encore d'enrayer la baisse considérable qu'amène toutes les années à certaines époques l'abondance excessive des produits sur les marchés.

L'extinction de la dette hypothécaire délivrerait la propriété rurale d'une charge écrasante qu'on a évalué à 7 ou 8 milliards. Si l'on songe que la plus grande partie de cette dette pèse sur la petite et la moyenne propriété on se rend compte de l'action bienfaisante qui serait ainsi exercée sur l'exploitation agricole. MM. Milcent, de Fongalland et Riboud ont élaboré le projet qui permettrait ce résultat : le Crédit foncier rembourserait le prêteur et serait à son tour remboursé par le débiteur en annuités légèrement supérieures au taux ordinaire des intérêts, en sorte que le débiteur amortirait insensiblement sa dette jusqu'ici non amortissable. L'assurance-amortissement garantirait en cas de décès de l'emprunteur, le remboursement des annuités qui resteraient dues. Cette heureuse liquidation n'a que l'irrémédiable inconvénient de demander encore de longues années. Le Crédit foncier a témoigné des dispositions favorables à cette combinaison, espérons qu'il nous sera bientôt permis de la voir réaliser.

CONCLUSION

————

Nous avons parcouru avec la brièveté que nous imposait la nature de notre étude, la multitude des services
que rendent les syndicats, nous bornant à exposer les
lignes générales, laissant de côté les nombreux détails
d'application qu'il serait cependant si intéressant d'approfondir. Nous nous sommes efforcés de reproduire les
améliorations constantes qui ont été poursuivies ou réalisées jusqu'à ce jour, nous aidant dans nos recherches
des études, des statistiques, des rapports les plus récem-
ment publiés ; nous avons interrogé les bulletins détaillés
par lesquels les syndicats ou unions tiennent leurs membres au courant de leurs innovations. Le congrès national réuni à Orléans au mois de mai dernier nous a, en
outre fourni les renseignements les plus précis et les plus
récents qu'ils nous soit possible de mettre en lumière.
Les rapports nombreux et savants qui y ont été présentés
nous ont aidés, ainsi que les discussions courtoises qu'ils

ont provoquées, à discerner l'orientation du mouvement syndical en agriculture ; nous avons pu nous pénétrer des idées qui se font jour chez les chefs de ce mouvement d'après leurs propres paroles.

L'idée générale qui nous parait résulter de cette activité des syndicats agricoles, c'est qu'une évolution profonde s'accomplit dans les milieux sociaux qu'ils représentent, évolution qui se manifeste en faveur du développement de l'esprit d'union, d'association dont les individus ont senti le besoin et compris l'efficacité. Les avantages de la coopération respectant le principe de liberté et d'initiative individuelle ont séduit cette classe d'agriculteurs auxquels elle assure, avec de plus amples ressources, la libre disposition d'une propriété qui leur est chère. Ils ont su utiliser, en les adaptant à leurs moyens, les puissants ressorts de l'association. L'impulsion est donnée, le mouvement qui s'accentue de plus en plus en ce sens, à mesure que s'opère l'éducation économique et sociale nouvelle, est appelé à transformer, par les améliorations quotidiennes qu'il provoque, les conditions matérielles et morales de leur existence.

Les syndicats agricoles, confiants en la puissance de cette association qu'ils considèrent comme la véritable source de rénovation sociale, ne demandent que la liberté d'initiative et d'action, repoussant comme impuissante et néfaste l'intervention directe de l'Etat, l'extension de ses attributions à des œuvres qu'ils se croient plus aptes à accomplir eux-mêmes : credit, prévoyance, assurances, etc.

Les résultats obtenus sont immenses, ils le comprennent ; ils voient avec non moins d'évidence ce qui leur reste à faire, mais les transformations économiques ne sont pas l'œuvre d'un jour, alors surtout qu'elles opèrent de si profonds bouleversements dans la vie d'une population essentiellement routinière, habituée jusqu'à ces dernières années à vivre de traditions qu'elle considérait comme un héritage sacré des ancêtres et dont elle n'aurait oser dévier : il y a des résistances à vaincre.

Cette évolution agricole, dont le travail lent et suivi a si vite porté ses fruits, se produit dans le calme ordinaire aux agriculteurs, procédant sans secousse, sans l'éclat de ces revendications bruyantes par lesquelles le commerce et l'industrie ont l'habitude d'émouvoir l'opinion publique. Les résultats parlent d'eux-mêmes aujourd'hui et viennent frapper d'étonnement ceux auxquels leur attention à peine éveillée n'avait que tout juste fait soupçonner l'existence de ces syndicats qui travaillaient dans l'ombre. Ils commencent à surgir ces syndicats, le retentissant éloge de ceux qui constatent avec surprise une œuvre dont ils n'avaient suivi la marche progressive a enfin dévoilé leur puissance, et comme toujours un cri d'alarme a été jeté en présence de cette force nouvelle : les syndicats agricoles ne voudront-ils pas s'adjuger un rôle politique ?

Nous avons dit précédemment qu'on ne saurait reprocher à nos syndicats de s'occuper de politique. Ce reproche leur a cependant été adressé. On a fait ressortir, non sans fondement, qu'il paraît difficile de ne prêter aucune intention, si lointaine fût-elle, aux nombreux représentants de l'ancienne noblesse française qui ont pris avec tant d'enthousiasme l'initiative du mouvement syndical et semblent avoir la haute main sur sa direction. Il faut faire la part des choses et reconnaître tout d'abord que leur qualité de grands propriétaires les appelait à cette œuvre à laquelle se trouvent si intimement liés leurs intérêts. Quelle était leur arrière-pensée, on peut la supposer, mais on ne saurait l'affirmer, aucune propagande politique avérée ne nous la dénonçant. Peut-être quelques syndicats isolés mériteraient-ils ce reproche ou plus souvent encore celui d'avoir revêtu un caractère confessionnel. Sur un terrain purement économique il est regrettable de voir intervenir des questions politiques ou religieuses. Etant de nature à compromettre l'avenir de l'œuvre par les fâcheuses discussions qu'elles font naître elles doivent en être impitoyablement bannies.

Quoiqu'il en soit, nous croyons être dans le vrai en disant que les syndicats ne subissent généralement pas l'influence des idées politiques de leurs promoteurs ; ils conservent sous ce rapport l'autonomie et l'indépendance la plus absolue. « Les paysans leur donnent et leur donneront de plus en plus l'esprit démocratique » (1). Le

(1) René Henry. Revue politique et parlemémentaire du 10 juillet.

paysan français est venu à l'association parce qu'il lui a reconnu des avantages dont il veut profiter, mais il n'a pas aliéné pour cela sa liberté de pensée et d'action qu'il conserve toujours comme le plus précieux de ses biens. Nulle part l'esprit d'indépendance n'est plus vivace que chez l'agriculteur. Cet esprit se révolterait avec fierté contre toute tentative qui serait faite de lui indiquer une orientation politique.

On ne saurait donc prendre à la lettre cette phrase sensationnelle que prononça M. Jaurès dans son discours du 19 juin à la Chambre des députés : « Cléricalisme et réaction, voila ce qui se prépare sous le couvert de cette philantropie économique qui s'adresse à la classe rurale parceque celle-ci est la plus facile à tromper. » Elle prouve tout simplement que l'orateur connait bien peu ou feint de ne pas connaître l'esprit dominant des campagnes, à moins qu'il ne comprenne comme réactionnaire quiconque demeure réfractaire à ses doctrines. Quant à prétendre que la classe rurale est la plus facile à tromper, il en a reçu le démenti le plus formel par ses échecs dans ses tentatives de l'endoctriner.

Dans l'évolution purement sociale nous pouvons en effet constater que l'orientation des syndicats agricoles est loin de se diriger vers le bouleversement de l'ordre social. Le mouvement coopératif qui s'accentue de jour en jour, qui contient les principes vrais sur lesquels les socialistes bâtissent leurs théories illogiques, n'a aucune tendance à porter atteinte aux **grands principes sociaux** sur lesquels reposent les **sociétés civilisées** : **Liberté**, Propriété,

Vu par le Professeur, Président de la Thèse

G. BRY

Vu, le Doyen,

A. PISON

VU ET PERMIS D'IMPRIMER :

Le Recteur, Président du Conseil de l'Université,

BELIN

TABLE DES MATIÈRES

INTRODUCTION

PREMIÉRE PARTIE

LES SYNDICATS AGRICOLES ET LA LOI DU 21 MARS 1884

CHAPITRE PREMIER

CHAPITRE DEUXIÈME

DEUXIÈME PARTIE

ROLE ÉCONOMIQUE ET SOCIAL DES SYNDICATS AGRICOLES